Byd yr Ymlusgiaid

Da... ...mwy

ymlusgiaid

Addasiad C... ...rts-Jones

atebol

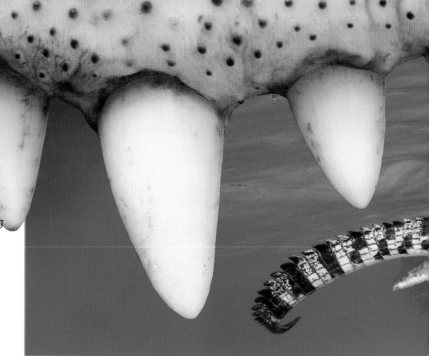

Y fersiwn Saesneg
Hawlfraint © 2013 gan Scholastic Inc
Cedwir pob hawl.

Mae *SCHOLASTIC, SCHOLASTIC DISCOVER MORE*™, a logos cysylltiedig yn nodau masnach ac/neu yn nodau wedi'u cofrestru gan Scholastic Inc. Cyhoeddwyd gan Scholastic Inc. fel *SCHOLASTIC Discover More*™.

Ymgynghorydd:
Kim Dennis-Bryan, PhD
Cyfarwyddwr Celf: Bryn Walls
Dylunydd: Ali Scrivens
Rheolwr Golygyddol: Miranda Smith
Cynllunydd y clawr: Neal Cobourne
DTP: John Goldsmid
Golygydd Ffotograffiaeth Ddigidol:
Stephen Chin
Rheolwr Prosiect y Deunydd Gweledol:
Diane Allford-Trotman
Cyfarwyddwr Lluniau, Scholastic:
Steve Diamond

Yr addasiad Cymraeg
© Atebol Cyfyngedig,
Adeiladau'r Fagwyr,
Llanfihangel Genau'r Glyn,
Aberystwyth, Ceredigion SY24 5AQ

Cedwir pob hawl.

Addaswyd i'r Gymraeg gan:
Marged Gwenllian a Lois Roberts-Jones
Dyluniwyd gan Ceri Jones
Golygwyd gan Rhian Jones.
Argraffwyd gan Argraffwyr Cambria
ISBN 978-1-910574-87-4
Mae'r cyhoeddwyr yn cydnabod cymorth ariannol Cyngor Llyfrau Cymru.

Gallwch lawrlwytho llyfr digidol newydd - **Reptile Attack!** - drwy fynd i www.scholastic.com/discovermore gan ddefnyddio'r cod arbennig:
RC4PMRCRXF3C

Cynnwys

Mae ymlusgiaid wedi byw ar y Ddaear ers o leiaf 300 miliwn o flynyddoedd. Mae'r geco traed gweog yma'n byw yn Niffeithdir Namib yn ne Affrica (un o'r mannau mwyaf sych yn y byd). Mae mor sych fel ei fod yn llyfu gwlith y bore o'i lygaid i gadw'n fyw!

Beth ydy ymlusgiad?

Creaduriaid â gwaed oer sydd wedi'u gorchuddio â chen (*scales*) ydy ymlusgiaid. Maen nhw wedi byw ar ein planed am filiynau o flynyddoedd.

Cigysyddion

Mae'r rhan fwyaf o ymlusgiaid yn bwyta cig, sy'n golygu eu bod nhw'n gallu hela yn dda. Mae rhai ohonyn nhw ymysg yr ysglyfaethwyr mwyaf dychrynllyd yn y byd.

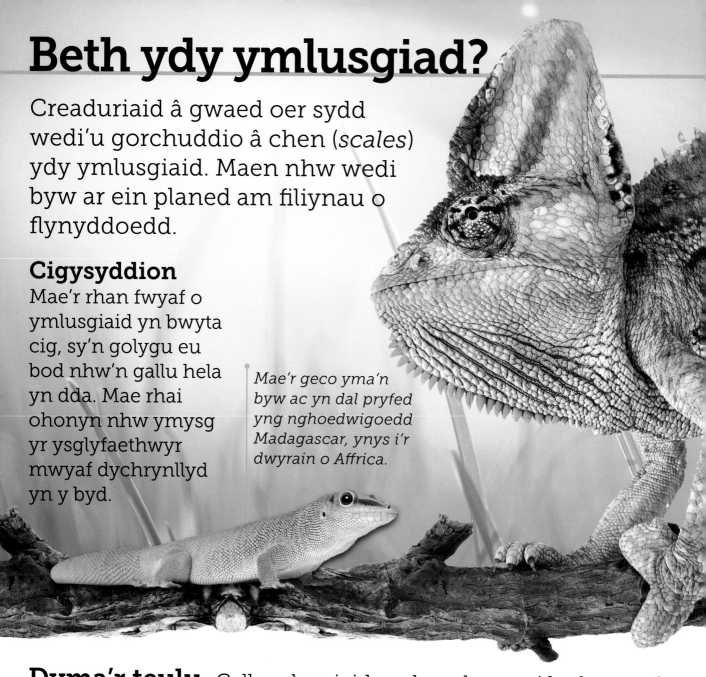

Mae'r geco yma'n byw ac yn dal pryfed yng nghoedwigoedd Madagascar, ynys i'r dwyrain o Affrica.

Dyma'r teulu
Gall ymlusgiaid gael eu rhannu i bedwar grŵp.

Y Tuatara
Y *tuatara* ydy'r unig ymlusgiad sydd ar ôl o'r grŵp hynafol hwn.

Y crwban
Mae'r ymlusgiaid hyn yn cynnwys crwbanod, terapiniaid a chrwbanod y môr. Mae ganddyn nhw gregyn caled.

Y neidr a'r madfall
Cyrff hir ac ystwyth sydd gan yr ymlusgiaid hyn. Mae gan lawer ohonyn nhw dafodau fforchog.

Mae bron pob ymlusgiad yn dodwy wyau sy'n deor eu rhai bach.

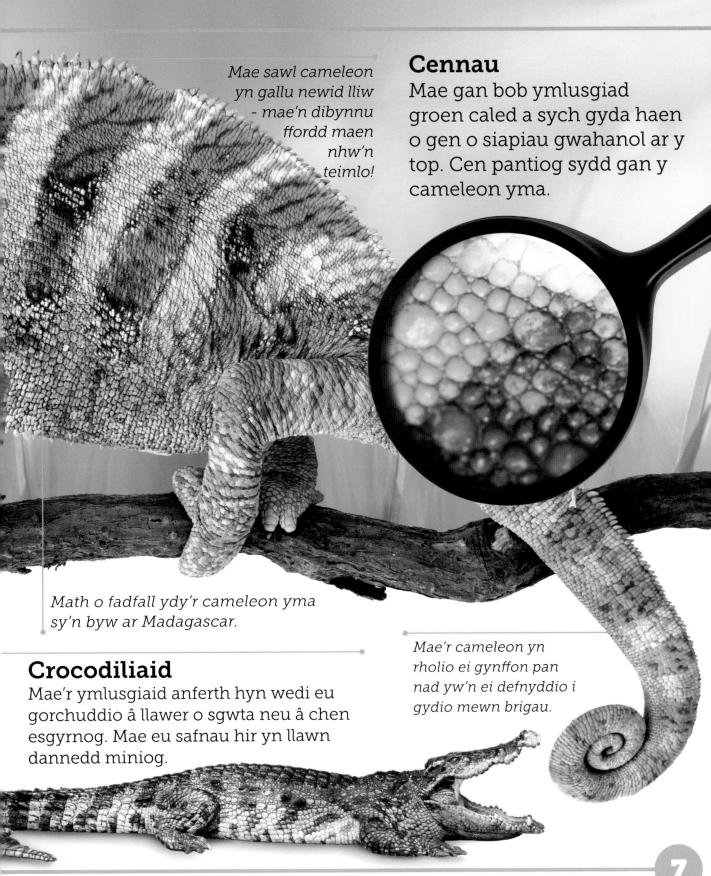

Mae sawl cameleon yn gallu newid lliw - mae'n dibynnu ffordd maen nhw'n teimlo!

Cennau

Mae gan bob ymlusgiad groen caled a sych gyda haen o gen o siapiau gwahanol ar y top. Cen pantiog sydd gan y cameleon yma.

Math o fadfall ydy'r cameleon yma sy'n byw ar Madagascar.

Mae'r cameleon yn rholio ei gynffon pan nad yw'n ei defnyddio i gydio mewn brigau.

Crocodiliaid

Mae'r ymlusgiaid anferth hyn wedi eu gorchuddio â llawer o sgwta neu â chen esgyrnog. Mae eu safnau hir yn llawn dannedd miniog.

Maen nhw'n edrych yn union yr un fath â'u rhieni (ewch i dudalen 16).

Creaduriaid â gwaed oer

Mae ymlusgiaid yn anifeiliaid â gwaed oer. Ond dydy eu gwaed ddim yn oer go iawn. Mae'n golygu nad yw eu cyrff yn gallu rheoli eu tymheredd yn awtomatig, fel mae ein cyrff ni yn gwneud.

Torheulo

Mae'n rhaid i ymlusgiaid dorheulo er mwyn cynhesu eu cyrff a chael egni. Os ydyn nhw'n rhy oer, dydyn nhw ddim yn gallu symud yn hawdd na threulio eu bwyd.

Yn ddigon poeth i hela

❶ Cynhesu

Yn y bore, mae igwana'r môr yn torheulo er mwyn cynhesu ei gorff ar ôl noson oer.

❷ Plymio i mewn

Pan mae'r igwana'n gynnes, mae'n plymio i mewn i ddŵr oer i chwilio am fwyd. Ar ôl 10 munud, mae'n rhaid iddo ddychwelyd i'r lan er mwyn cynhesu unwaith eto.

❸ Oer a phoeth

Mae tymheredd ei gorff tua 27°C (81°F) pan mae'n dod allan o'r dŵr. Ar ôl hanner awr yng ngolau'r haul, mae ei gorff yn cynhesu i 37°C (97°F).

igwana'r môr

Gan fod angen gwres yr haul ar ymlusgiaid maen nhw i'w

Gaeafgwsg

Gall y gaeaf fod yn rhy oer i ymlusgiaid. Mae rhai ohonyn nhw, fel y nadroedd *garter* yma, yn cadw'n fyw drwy aeafgysgu mewn tyllau drwy'r gaeaf.

Bydd miloedd o'r nadroedd garter yn dod at ei gilydd i aeafgysgu.

DARGANFYDDIADAU NEWYDD

Mae tua 50 o ymlusgiaid newydd wedi cael eu darganfod yn y degawd diwethaf – gan gynnwys rhai mawr!

Cafodd y wiber bantiog werdd lygatgoch (*ruby-eyed green pit viper*) drawiadol yma ei darganfod yn Cambodia yn 2011.

Cafodd y madfall *monitor* hwn ei ddarganfod yn weddol ddiweddar yng nghoedwigoedd y Sierra Madre yn y Pilipinas. Mae'n mesur 1.8 metr (6 throedfedd)!

gweld mewn ardaloedd cynnes o'r byd.

9

Croen a Chen

Mae croen ymlusgiad wedi'i orchuddio â chennau sy'n ymddwyn fel arfwisg, yn amddiffyn yr ymlusgiad rhag anaf.

Cennau cryfion

Mae cennau ymlusgiaid wedi'u gwneud o geratin (*keratin*), fel eich ewinedd chi. Felly, maen nhw'n galed ond yn hyblyg. Dydy dŵr ddim yn ~~...........lusgiaid.~~

Mae cennau yn rhwystro pryfed rhag brathu'r ymlusgiad.

1 Neidr

Mae'r rhan fwyaf o gennau nadroedd yn gorgyffwrdd fel teils ar do, i helpu'r neidr blygu'n rhwydd.

Mae cennau hefyd yn amddiffyn yr anifail rhag cael niwed wrth groesi rhisgl coeden neu dywod poeth.

boa coeden emrallt

Dydy dŵr ddim yn treiddio trwy gennau ymlusgiaid ac mae hyn yn eu helpu i gadw dŵr yn eu cyrff, fel nad ydyn nhw'n gorfod yfed llawer.

Edrychwch ar y cennau

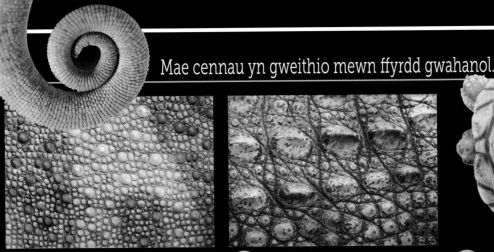

Mae cennau yn gweithio mewn ffyrdd gwahanol.

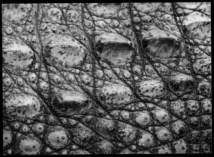

② Madfall

Mae gan y rhan fwyaf o fadfallod gennau bach â chroen sy'n ymestyn rhyngddyn nhw. Mae rhai yn bantiog.

Mae'r neidr ruglo (rattlesnake) yn ysgwyd eu 'ratl' i godi braw ar y rhai sydd am ei bwyta.

③ Crocodeil

Mae gan grocodeil dariannau rhychiog, sef sgwta, sy'n cael eu cryfhau gan asgwrn ar y gwaelod.

Does dim amrannau gan nadroedd, felly mae eu llygaid yn cael eu gwarchod gan gennau hefyd.

④ Crwban

Sgwta gwarchodol wedi ymdoddi i'w gilydd ydy rhan allanol cragen y crwban.

neidr y gwair

Cennau swnllyd

Mae gan neidr ruglo gennau mawr, gwag ar ben ei chynffon ac mae'n eu hysgwyd yn swnllyd.

Colli hen groen

Gall cennau falu, yn union fel eich ewinedd chi. Mae ymlusgiaid yn colli'r cennau sydd wedi treulio. Mae'r rhan fwyaf o gennau yn disgyn i ffwrdd mewn haenau, ond mae nadroedd yn llithro allan o'u rhai nhw fel y byddech chi'n tynnu hosan i ffwrdd.

rhyfedd, pigog ar y fadfall bigog ar dudalen 20.

Cuddio ac aros

Mae nifer o ymlusgiaid yn defnyddio cuddliw er mwyn cuddio – un ai oddi

Llygaid yn y tywod

Mae'r cennau ar y wiber ddolennog hon yn ei chuddliwio'n berffaith yn y tywod. Wrth i'r neidr gladdu ei hun, dim ond ei llygaid sydd yn y golwg. Pan mae ysglyfaeth yn mynd heibio, mae'n neidio i fyny ac yn rhoi brathiad gwenwynig iddo.

wrth ysglyfaethwyr neu, fel y neidr hon, er mwyn cudd-ymosod ar ysglyfaeth.

Wyau

Mae bron pob ymlusgiad yn dodwy wyau, ond mae rhai nadroedd a madfallod yn geni eu rhai bach yn fyw.

Mae'r rhan fwyaf o wyau crwbanod yn grwn, fel peli tennis bwrdd.

Mathau o wyau

Plisgyn caled sydd gan wyau crwbanod a chrocodeiliaid. Mae'r mwyafrif o grwbanod y môr, madfallod, a nadroedd yn dodwy wyau â phlisgyn meddal, fel lledr.

Mae wyau crocodeil yn edrych fel wyau gwyddau.

Yn aml, mae wyau meddal nadroedd a madfallod yn hirgrwn.

Mae'r un bach yn torri ei wy gan ddefnyddio dant arbennig ar ei drwyn.

Nythod tanddaearol

Mae'r rhan fwyaf o ymlusgiaid yn dodwy eu hwyau mewn tyllau yn y ddaear neu o dan blanhigion. Yma, mae'r tymheredd yn aros yn gynnes ac yn cadw'r wyau'n iach.

Ymlusgiaid bychain

Mae ymlusgiaid bach yn edrych yn union fel eu rhieni.

peithon pêl

Nyth peithon

Ar ôl dodwy eu hwyau, mae'r rhan fwyaf o ymlusgiaid yn eu gadael. Ond mae'r peithon yn clymu ei hun o amgylch ei wyau, ac yn eu hamddiffyn nes eu bod nhw'n deor. Hefyd, mae'n crynu er mwyn cadw'r wyau yn gynnes.

Geni rhai bach byw

Mae llawer o nadroedd yn rhoi genedigaeth i rai bach byw. Mae'r neidr garter yn cario rhwng 9 a 12 wy o fewn ei chorff cyn rhoi genedigaeth i rai bach.

Perygl

Mae ymlusgiaid sydd newydd eu geni yn fach iawn, ac mae sawl un yn eu gweld fel pryd blasus. Fodd bynnag, mae natur wedi gofalu amdanynt gan eu bod yn gallu symud yn gyflym o'r funud y maen nhw'n cael eu geni. Maen nhw hefyd yn gallu bod yn ffyrnig iawn.

Am fwy o wybodaeth am famau aligator ewch i dudalennau 56-57.

crocodeil bach yn deor

Cewri hynafol

Mae ffosilau ymlusgiaid yn cael eu darganfod yn gyson, gan ddarparu tystiolaeth fod rhai o ffosilau'r gorffennol yn enfawr.

Perthnasau cynhanesyddol

Erbyn oes y deinosoriaid (rhwng 240 a 65 miliwn o flynyddoedd yn ôl), roedd ymlusgiaid enfawr yn rheoli'r awyr a'r moroedd. Ar y tir, yr ymlusgiaid a'r deinosoriaid oedd y prif ysglyfaethwyr. Roedd y creadur *Deinosuchus*, oedd yn perthyn i deulu'r crocodeiliaid, yn tyfu hyd at 15 metr (50 troedfedd) o hyd.

Darganfyddiadau anferthol

Mae ymlusgiaid wedi bodoli ers o leiaf 300 miliwn o flynyddoedd. Roedd ymlusgiaid cynhanesyddol yn enfawr o'u cymharu ag ymlusgiaid heddiw.

Yn 2009, cafodd ffosil Titanoboa ei ddarganfod. Dyma beth oedd boa anferthol, yn mesur 14 metr (46 troedfedd) o hyd. Roedd yn byw 58 miliwn o flynyddoedd yn ôl.

peithon rhwydog   **Titanoboa**

Mae astudiaethau diweddar yn dangos bod Megalania, sef madfall enfawr sydd wedi marw ers 40,000 mlynedd, yn mesur 5.5 metr (18 troedfedd) o hyd!

Megalania

draig Comodo

Yn 2012, cafodd penglog crocodeil enfawr 2-5 miliwn o flynyddoedd oed ei ddarganfod yn Affrica. Mae'n gwneud i grocodeil afon Nîl edrych yn fach!

Crocodylus thorbjarnarsoni   **crocodeil y Nîl**

Bu farw llawer o'r ymlusgiaid enfawr gyda'r deinosoriaid tua 65 miliwn o flynyddoedd yn ôl.

Albertosaurus

Deinosuchus

Yn ôl pob tebyg roedd y *Deinosuchus* yn lladd deinosoriaid gan gynnwys yr *Albertosaurus* hyd yn oed.

17

Roedd nadroedd cynhanesyddol yn bwyta deinosoriaid bach!

Oriel yr enwogion

Beth am gwrdd â rhai o'r ymlusgiaid mwyaf rhyfeddol yn y byd?

YR YMLUSGIAD GWENWYNIG MWYAF O RAN MAINT
Y ddraig Comodo ydy'r ymlusgiad gwenwynig mwyaf o ran maint, a hefyd yr anifail gwenwynig mwyaf yn y byd.

Y RHYFEDDAF
Madfall yr anialwch ydy'r fadfall bigog. Mae ei chennau yn cludo dŵr o'r tywod gwlithog i'w cheg.

Y MWYAF FFIAIDD
Gall y fadfall gorniog chwistrellu gwaed o'i llygaid os ydy'n teimlo dan fygythiad!

Y CYFLYMAF
Mae'r igwana cynffon-bigog o Costa Rica yn gallu rhedeg 22 milltir yr awr.

Cafodd y daith fôr hiraf gan unrhyw anifail ei chyflawni gan

Y MWYAF GWENWYNIG

Mae crait y môr (sea krait) yn un o'r creaduriaid mwyaf gwenwynig yn y byd. Mae'n rhaid i bysgotwyr fod yn ofalus!

Y MWYAF LLIWGAR

Gall y fadfall seithliw fod yn lliw coch a glas prydferth, ac mae ganddi gynffon streipiog.

ceiniog

YR YMLUSGIAD LLEIAF

Un o'r madfallod lleiaf i'w darganfod erioed ydy'r Jaragua sphaero.

Â'R DANNEDD MWYAF

Mae dannedd y wiber Gabon yn gallu bod yn 4 cm (1.5 modfedd) o hyd.

YR YMLUSGIAD MWYAF

Mae crocodeil dŵr hallt gwrywaidd yn tyfu hyd at 5 metr (16 troedfedd) ar gyfartaledd. Ond, mae rhai 6 metr (20 troedfedd) wedi cael eu darganfod hefyd!

Â'R TAFOD HIRAF

Mae gan ambell gameleon dafod sydd ddwywaith maint ei gorff!

grwban môr cefn-lledr. Mwy i'w ddarganfod ar dudalen 72.

madfallod

Nadroedd a

Mae nadroedd a madfallod yn rhai o'r helwyr gorau ym myd yr anifeiliaid. Mae gan y wiber Wagler yma bantiau neu dyllau rhwng ei llygaid a'i cheg. Mae'r pantiau'n synhwyro gwres anifeiliaid â gwaed cynnes, sy'n helpu'r neidr i ddal yr anifail.

Nadroedd

Mae llawer o bobl yn ofni'r helwyr clyfar yma. Ond dim ond rhai nadroedd sy'n wenwynig, neu'n defnyddio gwenwyn i ladd.

Mathau o nadroedd

1 Gwasgwyr

Mae'r nadroedd yma'n gwasgu eu hysglyfaeth i farwolaeth. Maen nhw'n aml yn fawr ac yn cynnwys y boa a'r peithon.

peithon brith

Dannedd colfachog

Mae dannedd gwiber yn gorwedd yn fflat yn erbyn top ei cheg. Pan mae'r neidr yn ymosod, mae'n siglo ei dannedd ymlaen. Mae gwenwyn yn cael ei wasgu trwy'r dannedd.

neidr ruglo cefn diemwnt ddwyreiniol

neidr ruglo cefn diemwnt orllewinol (albino)

FFEITHIAU DIDDOROL

Y NEIDR FWYAF
Roedd y peithon rhwydog hiraf sydd wedi ei weld hyd yma'n mesur 10 metr (32 troedfedd) o hyd. Mae hynny bron yr un mor hir â bws ysgol!

Y NEIDR LEIAF
Dim ond 10 centimetr (4 modfedd) ydy hyd neidr edafeddog Barbados.

RHYWOGAETH NEWYDD
Cafodd gwiber gorniog Matilda ei darganfod mewn coedwig law yn Tanzania yn 2010. Cafodd ei henwi ar ôl merch fach y dyn a ddaeth o hyd iddi. Cafodd neidr arbennig arall ei darganfod yr un flwyddyn yn Cambodia sef neidr goch kukri.

Y neidr wenwynig hiraf ydy'r march-gobra. Mae'n gallu

Mae pedwar prif fath o neidr

2 Gwiber

Mae gan y nadroedd gwenwynig yma ddannedd mawr pigfain. Maen nhw'n cynnwys gwiberod a nadroedd rhuglo.

gwiber bantiog Wagler

3 Elapid

Fel pob elapid gwenwynig, mae gan y cobra a'r mamba ddannedd pigfain solid.

cobra'r Aifft

4 Colwbriad

Mae dwy ran o dair o nadroedd y byd yn golwbriaid. Mae'r rhan fwyaf ohonyn nhw'n gwbl ddiniwed. Maen nhw'n cynnwys nadroedd garter, nadroedd y gwair a marchseirff (king snakes).

S-s-s-synhwyrau arbennig

Dydy golwg a chlyw nadroedd ddim cystal â'n golwg a'n clyw ni, ond mae ganddyn nhw synhwyrau eraill sy'n llawer gwell. Maen nhw hyd yn oed yn gallu synhwyro anifeiliaid sy'n symud, drwy eu ceg.

Pan mae neidr yn chwipio ei thafod fforchog, mae'n arogleuo.

▶▶ **Am fwy o wybodaeth**

am nadroedd gwenwynig ewch i dudalen 32.

Mae gan rai nadroedd bantiau o dan eu llygaid sy'n gallu synhwyro tymheredd corff anifail arall.

codi ei chefn i fyny ac edrych yn syth arnoch chi!

Y tu mewn i neidr

Mae gan neidr sgerbwd anhygoel a system o organau sy'n gwneud ei chorff hir a throellog yn ystwyth ac yn hyblyg.

Dwbl y trwbl!

O dro i dro, mae neidr yn cael ei geni â dau ben! Ond dydy'r nadroedd hyn ddim yn byw'n hir iawn gan ei bod hi'n hawdd ymosod arnyn nhw.

Mae gên y neidr yn symud allan pan mae'n llyncu.

Segmentau esgyrnog o'r enw fertebra ydy'r asgwrn cefn.

Mae esgyrn y benglog yn eithaf rhydd, fel bod y neidr yn gallu agor ei cheg yn llydan i lyncu ysglyfaeth mawr.

Mae'r asgwrn cefn yn ymestyn o'r pen i'r gynffon.

Fel arfer, mae dwy asen gan bob fertebra.

Sgerbwd neidr

Mae'r sgerbwd hyblyg yn galluogi'r neidr i wneud siâp S â'i chorff a siglo wrth iddi symud.

Am fwy o wybodaeth am symud ewch i dudalen 28.

Mae gan berson 33 fertebra a 24 asen. Mae gan neidr hyd

Organau

Mae gan neidr nifer o organau sy'n debyg i'n rhai ni. Ond maen nhw wedi eu gwasgu i mewn i gorff hir a thenau.

Yn y rhan fwyaf o nadroedd, mae'r ail ysgyfaint ar goll, neu'n fach ac yn ddiwerth.

iau

aren

Mae neidr yn cael gwared â charthion drwy agoriad gerllaw'r gynffon.

Does dim asennau ar y gynffon.

Mae'r galon yn gallu symud ychydig i sicrhau nad yw'r ysglyfaeth y mae'n ei lyncu yn ei niweidio.

coluddyn

stumog

Arogleuo

Mae'r neidr yn defnyddio ei thafod i gasglu gronynnau aer sy'n cynnwys arogleuon. Mae'r arogleuon hyn yn cael eu dadansoddi gan organ Jacobson.

Mae'r cyhyrau sydd wedi'u cysylltu â'r asgwrn cefn yn helpu'r neidr i blygu.

chwarren wenwyn

organ Jacobson

at 400 fertebra a mwy o asennau nag unrhyw anifail arall!

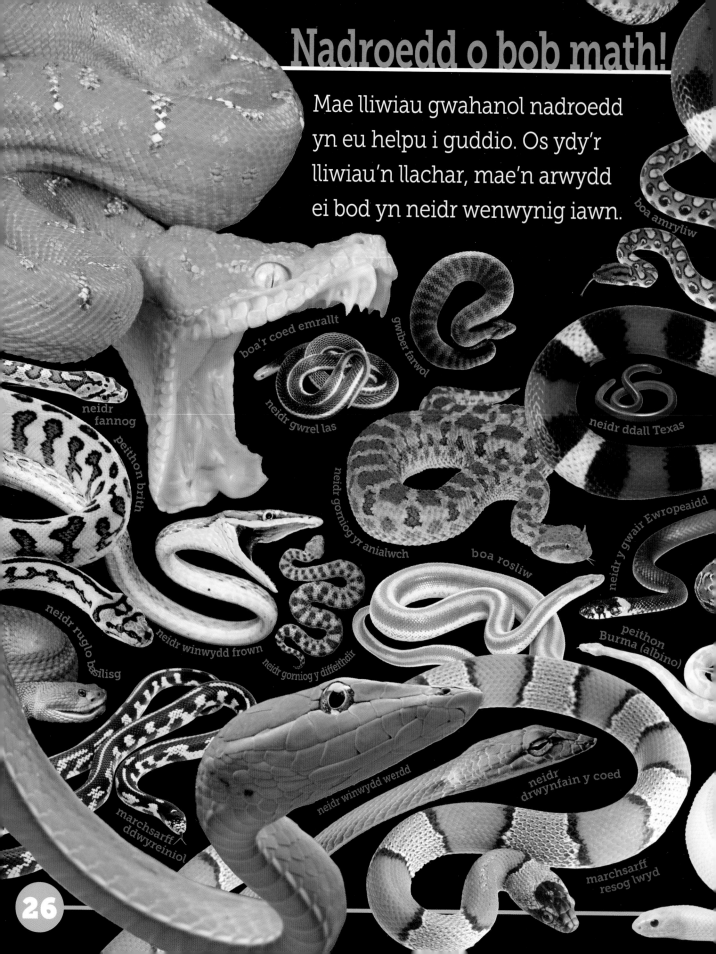

Nadroedd o bob math!

Mae lliwiau gwahanol nadroedd yn eu helpu i guddio. Os ydy'r lliwiau'n llachar, mae'n arwydd ei bod yn neidr wenwynig iawn.

boa amryliw

boa'r coed emrallt

gwiber farwol

neidr ddall Texas

neidr fannog

neidr gwrel las

peithon brith

neidr gorniog yr anialwch

neidr y gwair Ewropeaidd

boa rosliw

peithon Burma (albino)

neidr ruglo basilisg

neidr winwydd frown

neidr gorniog y diffeithdir

neidr winwydd werdd

neidr drwynfain y coed

marchsarff ddwyreiniol

marchsarff resog lwyd

neidr ddeildrwyn

boa goed yr Amazonas

neidr ddolennog diffeithdir Colorado

neidr hedegog euraid

peithon coed gwyrdd

neidr laeth Puebla

neidr yd

gwiber blewyn amrant (eyelash viper)

gwiber lif-gennog (saw-scaled viper)

marchsarff yr eira   neidr wasgu

gwiber Gabon

march-gobra

neidr pen copr ddeheuol

gwiber Ewropeaidd

mamba werdd

Nadroedd ym mhob man

Mae'r anifeiliaid ystwyth yma yn rhai o'r anifeiliaid mwyaf llwyddiannus ar y Ddaear. Maen nhw wedi addasu i bob cynefin oni bai am leoedd lle mae rhew eithafol ac eira.

mamba ddu . . . .

O frig coeden i'r môr

Nadroedd hedegog

Mae neidr y coed paradwysaidd yn gwibio drwy'r awyr rhwng y coed. Mae'n lledaenu ei hasennau er mwyn gwneud ei chorff yn fflat.

Nadroedd y coed

Mae coeden yn lle perffaith i guddio a chadw golwg. Mae'r peithon coed gwyrdd yma wedi ei lapio'i hun o gwmpas brigyn er mwyn aros am ysglyfaeth.

peithon coed gwyrdd ifanc . . . .

Gall nadroedd hedegog wibio hyd at 100 metr (300 troedfedd) drwy'r awyr.

neidr hedegog euriad . . . .

Nadroedd y ddaear

Mae'r mamba ddu yn byw yn ardaloedd gwyllt Affrica. Dyma'r neidr gyflymaf yn y byd – mae'n gallu ymlusgo yr un mor gyflym â pherson yn rhedeg.

Nadroedd y diffeithdir

Neidr ruglo (*sidewinder*) yw'r neidr ddolennog yma sy'n byw yn y diffeithdir. Mae'n tyllu ei hun yn y tywod yn ystod y dydd er mwyn cysgodi rhag y gwres.

Nadroedd sy'n tyllu

Mae'r neidr edafeddog Peter (*Peter's thread snake*) yma'n byw o dan ddaear ac mae ganddi gennau llyfn a sgleiniog sy'n ei helpu i ymlusgo drwy bridd.

Nadroedd y môr

Mae'n rhaid i nadroedd y môr ddychwelyd i'r wyneb i anadlu. Mae gan y crait môr rhesog (*banded sea krait*) yma gynffon siâp rhwyf i'w helpu i nofio.

Nadroedd ym mhob man

Mae nadroedd yn byw ym mhob man yn y byd heblaw am Seland Newydd, Iwerddon, Gwlad yr Iâ, Grønland ac Antarctica.

Mae gan y neidr ddolennog gennau corniog uwchben ei llygaid. Efallai fod y cen yn helpu i gysgodi'r llygaid.

29 Mae'r rhan fwyaf o nadroedd y môr yn byw yn y môr ac yn methu symud ar y tir.

Bwyd neidr

Mae pob neidr yn bwyta anifeiliaid eraill, o rai bach maint morgrug i rai mawr maint aligator! Maen nhw hyd yn oed yn bwyta ei gilydd!

peithon

Cegaid enfawr

Gall nadroedd agor eu cegau fel eu bod yn gallu llyncu anifeiliaid mawr. Mae eu dannedd bach yn helpu i wthio'r ysglyfaeth i mewn i'w corff.

Arferion bwyta

Mae gan nadroedd rai

Bwytäwr wyau

Mae nadroedd sy'n bwyta wyau yn llyncu'r wy yn gyfan ac yna'n poeri'r plisgyn allan.

Gwasgwr (Constrictor)

Pan mae ysglyfaeth yn anadlu allan, mae cywasgydd yn ei wasgu ychydig yn dynnach er mwyn ei fygu.

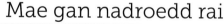

Neidr ruglo

Mae gan neidr ruglo fath arbennig o wenwyn sy'n rhwystro'r ysglyfaeth rhag stopio gwaedu.

Mae'n gallu cymryd ychydig o fisoedd i dreulio'r bwyd

Mae'r peithon yn dal ei ysglyfaeth â'i geg ac yna'n troelli ei hun o gwmpas yr anifail ac yn gwasgu. Mae'r neidr yn llyncu'r ysglyfaeth marw gan ddechrau gyda'r pen.

technegau diddorol!

Mae adar yn cael eu denu at y 'pryf genwair' neu'r 'mwydyn'. Dyma gyfle gwych i'r neidr i'w dal a'u llyncu.

Neidr edafeddog

Mae'r neidr fach yma yn rhyddhau arogl i ddrysu morgrug fel ei bod yn gallu dwyn y larfa.

Cantil

Melyn ydy cynffon y neidr hon, ac mae'n ei defnyddio i ddenu ysglyfaeth.

Am fwy o wybodaeth am nadroedd gwenwynig ewch i dudalen 32.

yn stumog neidr. Dyna amser hir i dreulio pryd o fwyd!

Neidr yn amddiffyn

Er bod y rhan fwyaf o nadroedd yn ffoi pan maen nhw o dan fygythiad, mae gan lawer ohonyn nhw ffyrdd o amddiffyn eu hunain mewn argyfwng.

diferyn o wenwyn

Gwenwyn

Poer gwenwynig ydy'r gwenwyn sy'n llifo i lawr dannedd miniog neidr.

Y cobra marwol

Mae'r cobra yn codi ac yn ymestyn y fflapiau sydd ar ei wddf er mwyn rhybuddio ysglyfaethwyr. Os nad ydy hyn yn gweithio, mae'r rhan fwyaf yn brathu gan chwistrellu gwenwyn marwol sy'n gallu lladd.

cobra yn poeri gwenwyn

Gall y cobra saethu gwenwyn hyd at 2 metr (6 throedfedd) i wyneb ymosodwr.

Gall gwenwyn fod yn beth da!

Yn ddiweddar, maen nhw wedi darganfod ei bod hi'n bosib tynnu'r tocsin o'r gwenwyn a'i ddefnyddio ar gyfer meddygaeth.

Dynwared

Mae'r marchsarff resog lwyd yn esgus bod yn wenwynig drwy ddynwared lliwiau'r neidr gwrel.

Rhagor o ddulliau amddiffyn

Cuddliw

Er ei bod yn edrych fel deilen, gwiber Gabon sydd yn cuddio yma.

Lliwiau llachar

Mae rhai nadroedd marwol, fel y neidr gwrel, yn cyhoeddi eu bod nhw'n beryglus â'u lliwiau llachar. Byddai'n well ganddyn nhw rybuddio anifeiliaid na gwastraffu eu gwenwyn.

Rhuglen rybuddio

Mae'r neidr ruglo wenwynig yn rhybuddio ysglyfaethwyr drwy ysgwyd y rhuglen swnllyd sydd ar ei chynffon cyn ymosod.

Deg neidr farwol

Mae'r rhan fwyaf o nadroedd yn ddiniwed, ond byddwch yn ofalus o'r rhai marwol! Mae nadroedd marwol yn byw ledled y byd, ond mae'r rhai mwyaf gwenwynig yn byw yn Awstralia.

Y deg uchaf

Mae llawer o ddadlau ynglŷn â pha nadroedd ddylai fod ar y rhestr hon, ac ym mha drefn y dylen nhw fod. Beth wyt ti'n feddwl?

Mae'r fer-de-lance ffyrnig yn lladd mwy o bobl â'i brathiad poenus nag unrhyw ymlusgiad arall yn Ne America.

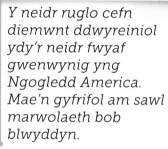

Y neidr ruglo cefn diemwnt ddwyreiniol ydy'r neidr fwyaf gwenwynig yng Ngogledd America. Mae'n gyfrifol am sawl marwolaeth bob blwyddyn.

Mae gwenwyn neidr y môr yn fwy gwenwynig na gwenwyn neidr y tir. Gallai un brathiad gan neidr fôr Belcher ladd 1,000 o bobl!

Y mamba ddu ffyrnig o Affrica ydy'r neidr gyflymaf ar y Ddaear. Cyn i wrthwenwyn gael ei greu, roedd 100% o'r bobl a gafodd eu brathu gan y mamba yn marw.

Paid â phrocio neidr – bydd y rhan fwyaf ohonyn nhw'n ymosod os na chawn nhw lonydd!

Gwrthwenwyn

Trwy lwc, gall gwyddonwyr ddefnyddio pigiadau gwrthwenwyn er mwyn gwrthdroi effaith brathiad gan neidr.

6 March-gobra ydy'r neidr fwyaf ymosodol yn y byd. Mae gwenwyn y rhai ifanc yr un mor beryglus â'r rhai mawr!

Mae'r wiber lif-gennog yn achosi miloedd o farwolaethau yn India bob blwyddyn.

7

Mae nadroedd teigr yn byw ger dinasoedd arfordirol yn Awstralia. Maen nhw'n gallu dringo adeiladau yn ogystal â choed.

3

Mae'r neidr frown ddwyreiniol yn gyfrifol am tua hanner y marwolaethau gan frathiad neidr yn Awstralia.

5

Mae'r wiber farwol (death adder) sy'n byw yn Awstralia yn ymosod yn gyflymach nag unrhyw neidr arall.

9

Mae brathiad gan y taipan (inland taipan) mewndirol o Awstralia yn gallu lladd mewn 45 munud.

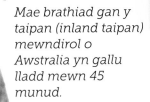

2

Madfallod

Mae'r *chatogekko amazonicus* yn llai na 25 milimetr (1 modfedd) o hyd.

Mae tua 3,500 o wahanol fathau o fadfallod (*lizards*) yn byw yn y rhan fwyaf o gynefinoedd, o ddiffeithdiroedd i goedwigoedd glaw, ledled y byd.

Mae'r rhan fwyaf o fadfallod yn gallu gweld mewn lliw ac mae ganddyn nhw lygaid craff.

Siapiau clyfar

Mae siâp madfall yn aml yn dibynnu ar ei chynefin. Mae gan draig ddŵr China grafangau miniog i afael mewn brigau, a chynffon gref i'w helpu i nofio.

FFEITHIAU DIDDOROL

Y FADFALL FWYAF
Mae'r ddraig Comodo fwyaf i'w gweld hyd yma yn 3.1 metr (10.3 troedfedd) o hyd.

Y FADFALL LEIAF
Gall *Jaragua sphaero*, sy'n 18 milimetr, (0.7 modfedd) ffitio ar ddarn o arian.

RHYWOGAETH NEWYDD
Cafodd yr *Anguilla bank skink* sydd â chynffon las ei darganfod yn y Caribi yn 2012. Yn yr un cyfnod darganfuwyd geco newydd yn Papua Guinea Newydd sef y *striped bunblebee gecko*.

Pan mae'r fadfall yma dan fygythiad, gall fynd i'r dŵr a nofio i ffwrdd.

Mae gan y rhan fwyaf o fadfallod bedair coes, a phum bys gydag ewinedd miniog ar bob un.

Dim ond y geco yn nheulu'r fadfall sy'n

Dim amrannau!

Does gan y geco yma ddim amrannau. Mae'n defnyddio ei dafod i olchi ei lygaid.

Mae gan y cameleon dafod hir, gludiog, anwastad a syth.

Tafodau

Mae madfallod yn defnyddio eu tafodau i arogleuo. Mae eu tafodau naill ai'n syth neu'n fforchog.

Madfallod di-droed

Yn aml, mae'r neidr ddefaid (*slow-worm*) yn cael ei chamgymryd am neidr gan nad oes ganddi goesau. Yn wahanol i nadroedd mae gan y neidr ddefaid amrannau a thyllau clust.

Mae gan igwana dafod syth er mwyn gallu teimlo pethau.

Mae madfall monitor yn fflicio ei thafod fforchog er mwyn blasu'r aer.

Am fwy o wybodaeth am dafodau cameleon ewch i dudalen 41.

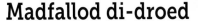

draig farfog ········

Bwytawyr cig

Cigysyddion ydy'r rhan fwyaf o fadfallod. Mae ganddyn nhw lawer o ddannedd bach miniog ar hyd eu safn i ddal ysglyfaeth.

gallu gwneud sŵn, a hynny drwy drydar, clician ac mae un yn cyfarth!

Byd y madfall

Mae madfallod yn defnyddio eu cyrff i anfon negeseuon at ei gilydd ac i anifeiliaid eraill. Bydd rhai yn defnyddio ystumiau dychrynllyd er mwyn bygwth anifeiliaid eraill. Mae rhai eraill yn defnyddio lliw er mwyn denu neu ddychryn.

madfall y goedwig Indo-China

sginc Schneider

geco mannog

geco cynffon dew

cameleon llennog

draig hedegog

brenhinsarff werdd

sginc cynffonlas

sginc yr enfys

geco cynffon llinellog

draig Comodo

geco troedweog

madfall werdd Ewropeaidd

anole werdd

geco cribog

madfall agama

madfall crocodeil China

sginc llydanben

cameleon panther

igwana gwyrdd

monitor emrallt

madfall dagellog

draig hedegog

sginc tafod las

cameleon panther

madfall bigog

madfall nos lwyd-ddu

cameleon bychan

sginc tân

cameleon Jackson

geco llinellog cynffon bwt

Gila

draig farfog

geco tocái

geco dydd Madagascar

39

Cameleon clyfar

Dyma un o'r madfallod mwyaf rhyfeddol! Mae'r cameleon yma sy'n symud yn araf iawn â thafod hir iawn ac mae'n gallu newid ei liw.

cameleon panther

Mae'r tafod yn ymestyn ychydig uwchben y pryfyn fe bod pen y tafod yn glanio arno.

Llygaid
Gall llygaid cameleon symud i gyfeiriadau gwahanol! Maen nhw hefyd yn troi er mwyn gallu gweld y tu ôl iddo.

Yn wahanol i lawer o fadfallod eraill, mae gan gameleon gorff tenau ond tal iawn.

Mae bysedd ei draed mewn dau fwndel er mwyn gallu gafael mewn brigau tenau.

Gall y gynffon ymestyn fel braich ychwanegol a throelli o gwmpas brigyn.

Mae un   cameleon, sef math

Teimlo awydd...

Mae sawl cameleon yn gallu newid lliw eu croen. Mae hyn yn dibynnu ar eu hwyliau, ar y golau neu ar y tymheredd.

... i newid lliw

Gall cameleon gwrywaidd newid ei liw i liwiau llachar iawn er mwyn denu'r fenyw. Gall cameleon droi yn ddu os ydy e'n flin!

Darganfyddiad bychan

Yn 2012, cafodd y cameleon lleiaf yn y byd ei ddarganfod, sef y *Brookesia micra*. Mae'n 26 mm o hyd!

Brookesia micra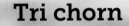

Mae cameleon yn gallu fflicio ei dafod mewn llai na rhan o eiliad - yn ddigon cyflym i ddal pryfyn!

Mae'r cameleon Jackson yn tyfu i tua 25 centimetr (10 modfedd).

Tafod

Mae cameleon yn bwyta pryfed yn bennaf. Yn lle rhedeg ar ôl pryfyn i'w ddal, mae cameleon yn saethu ei dafod gludiog hir i'r awyr i'w ddal.

Tri chorn

Mae gan y cameleon Jackson gwrywaidd dri chorn ar ei ben sy'n gwneud iddo edrych fel hen ddeinosor. Weithiau, mae'n eu defnyddio nhw i wthio gwrywod eraill i ffwrdd.

Parson, yn gallu bod cymaint â chwningen.

Paid â'm bwyta i!

Mae angen dulliau clyfar ar fadfallod i amddiffyn eu hunain fel nad ydy ysglyfaethwyr yn eu bwyta.

Bydd y gynffon yn tyfu'n ôl gydag amser.

Torri i ffwrdd

Os ydy'r geco yma'n cael ei ddal gan ysglyfaethwr, mae'n torri ei gynffon i ffwrdd. Mae'r gynffon yn dal i symud er mwyn drysu'r ysglyfaethwr wrth i'r geco redeg i ffwrdd!

Rhedeg ar ddŵr

Mae madfallod basilisg yn gallu rhedeg ar wyneb y dŵr. Yn ôl pob tystiolaeth maen nhw'n 'baglu' ar draws y dŵr ac yna sythu a symud ymlaen.

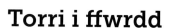

Y fadfall dagellog

Mae gan y fadfall dagellog sawl tric. Mae'n gwneud sŵn chwythu ac yn agor a chwifio'r dagell ar ei gwddf, ac yna'n rhedeg i ffwrdd ar ei choesau ôl.

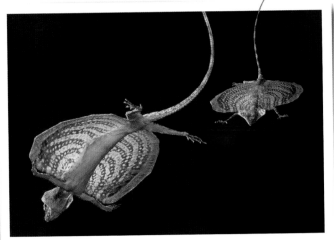

Llamu a llithro

Dan fygythiad, mae'r ddraig hedegog yn gallu ymestyn y fflapiau mawr o groen sydd ar hyd ei hasennau symudol. Mae'n gallu gwibio hyd at 8 metr (25 troedfedd) o un goeden i'r llall.

Os ydy hi'n cael ei bygwth mae un math o geco yn pontio ei chefn ac

Diflannu

Mae llawer o fadfallod yn defnyddio cuddliw er mwyn diflannu i'r cefndir. Mae patrwm afreolaidd ar gen y geco yma er mwyn gallu cuddio ar y garreg.

Tafod las

Pan mae'r sginc tafod las dan fygythiad, mae'n chwythu ei hun i fyny'n fawr, yn hisian ac yn rhoi ei dafod las allan!

Rhy hwyr!

Dydy rhai madfallod ddim yn ddigon clyfar na chyflym ac felly maen nhw'n cael eu bwyta.

tylluan yn bwyta madfall

Gofal amdani!

Gall y fadfall gorniog saethu gwaed o'i llygaid er mwyn dychryn anifeiliaid eraill! Mae'n gallu saethu'r gwaed hyd at 1.5 metr (5 troedfedd).

yn cyfarth fel ci!

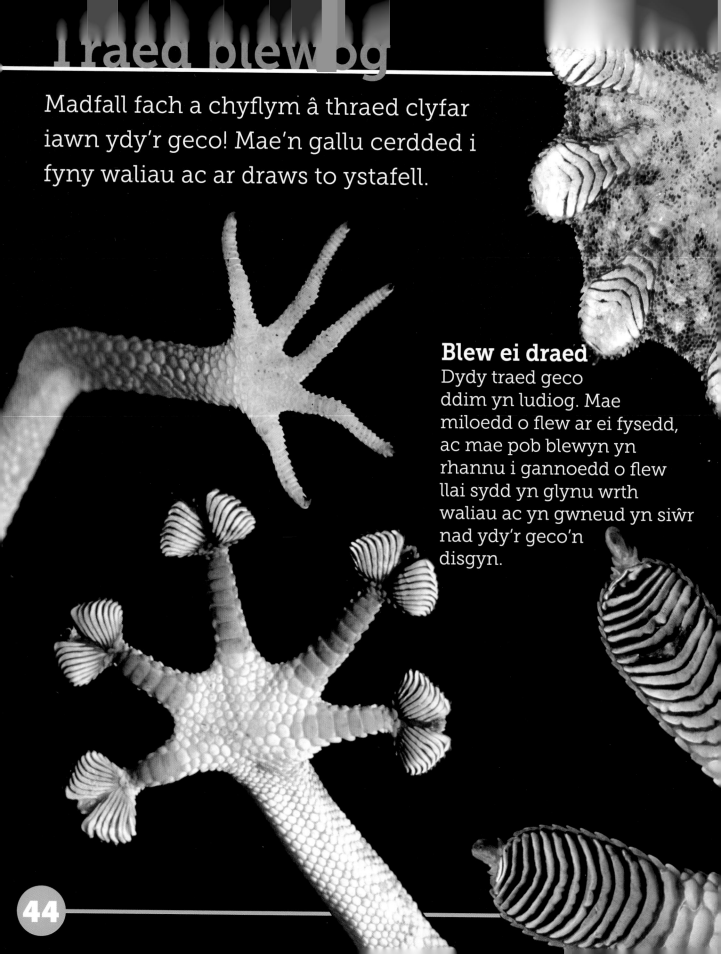

Madfall fach a chyflym â thraed clyfar iawn ydy'r geco! Mae'n gallu cerdded i fyny waliau ac ar draws to ystafell.

Blew ei draed

Dydy traed geco ddim yn ludiog. Mae miloedd o flew ar ei fysedd, ac mae pob blewyn yn rhannu i gannoedd o flew llai sydd yn glynu wrth waliau ac yn gwneud yn siŵr nad ydy'r geco'n disgyn.

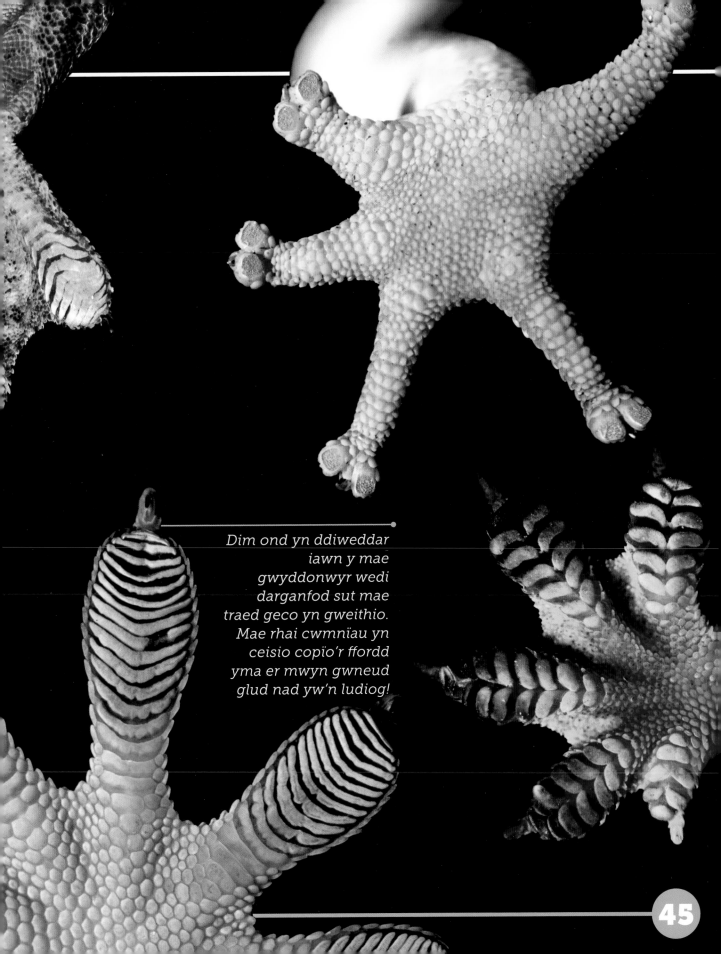

Dim ond yn ddiweddar iawn y mae gwyddonwyr wedi darganfod sut mae traed geco yn gweithio. Mae rhai cwmnïau yn ceisio copïo'r ffordd yma er mwyn gwneud glud nad yw'n ludiog!

Cewri gwenwynig

Mae madfallod enfawr yn byw ar rai ynysoedd bach yn Indonesia. Dyma'r ddraig Comodo, madfall enfawr a gwenwynig.

Dreigiau byw

Mae'r ddraig Comodo yn fadfall bwerus sydd tua 2.4 metr (8 troedfedd) o hyd. Mae ganddyn nhw gynffonnau enfawr a chyhyrog, ac maen nhw'n bwyta unrhyw ysglyfaeth – byw neu farw – y maen nhw'n gallu dod o hyd iddo.

Hela drwy ymosod ac aros

Ymosod a brathu

Mae'r ddraig yn aros am ysglyfaeth i fynd heibio, fel y byfflo yma. Yna, mae'n neidio ar yr anifail ac yn brathu'n galed gan ryddhau gwenwyn drwy ei dannedd.

Gwobrau blasus

Mae'r gwenwyn yn cymryd ychydig o amser i weithio, felly mae'r ddraig yn dilyn yr anifail nes ei fod yn marw, ac yna'n ei fwyta.

... Gila

madfall México
(*Mexican beaded*)

Cadwa draw!

Mae'r Gila a madfall México yn ddwy fadfall wenwynig arall. Mae'n debyg eu bod yn defnyddio gwenwyn i amddiffyn eu hunain ac nid ar gyfer hela.

Mae ganddi grafanc fel dagr er mwyn dal anifeiliaid.

Mae dreigiau Comodo yn defnyddio eu tafodau fforchog er mwyn arogleuo ysglyfaeth

Nythod dreigiau

Mae'r ddraig Comodo fenywaidd yn defnyddio ei chrafangau miniog er mwyn gwneud twll. Mae'n dodwy wyau mewn twll ac yna'n amddiffyn y nyth am chwe mis nes bod yr wyau wedi deor.

Mae gwenwyn yn llifo i lawr y rhychau ar ddannedd y ddraig pan mae hi'n brathu.

Maen nhw'n gallu dod o hyd i anifail marw hyd at 11 cilometr (7 milltir) i ffwrdd.

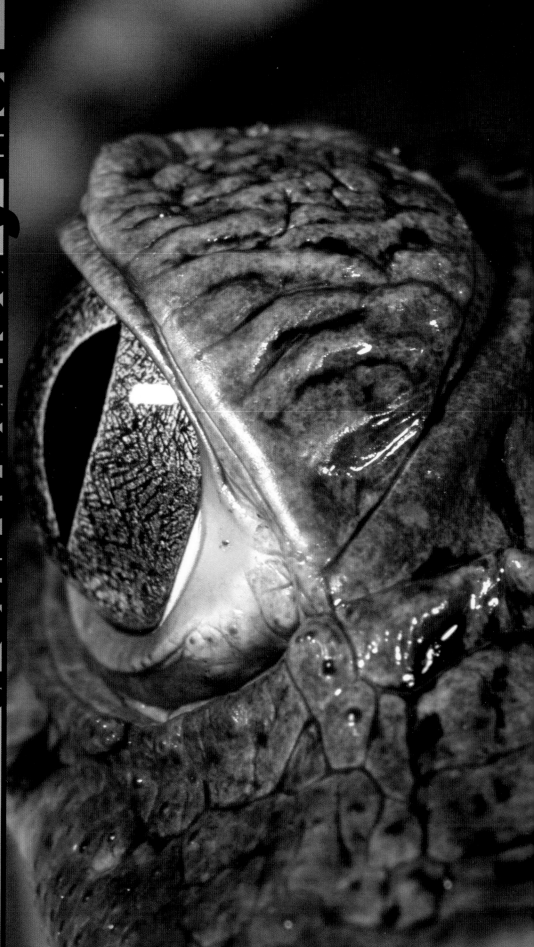

Crocodeiliaid
a Chrwbanod y môr

Mae crocodeiliaid a chrwbanod y môr yn enwog am frathu. Mae brathiad ambell grwban y môr tua 10 gwaith yn fwy pwerus na brathiad person! Mae brathiad y caiman du yma 25 gwaith yn fwy pwerus na brathiad person!

Teulu'r Crocodeil –
rhai ffeithiau diddorol

Mae gan y crocodeil gorff cryf a chyhyrog. Mae ganddo ddannedd dychrynllyd a'r brathiad mwyaf pwerus yn y byd. Dyma rai o'r ymlusgiaid mwyaf brawychus ar y blaned!

Caiman
(*spectacled caiman*)

Crocodeil afon Nîl

FFEITHIAU DIDDOROL

Y CROCODEIL MWYAF
Mae'r crocodeil dŵr hallt tua 5 metr (16 troedfedd) o hyd ar gyfartaledd.

Y CROCODEIL LLEIAF
Y crocodeil lleiaf ydy crocodeil *Cuvier*. Mae'r math hwn o aligator i'w weld yn De America. Mae tua 1.3 metr (4.3 troedfedd) o hyd.

CREITHIO'R CROEN
Mae rhai pobl frodorol yn **Guinea** Newydd yn creithio eu croen er mwyn bod yn debyg i groen y crocodeil.

Cynffon ddefnyddiol
Does dim rhaid i grocodeil fwyta yn aml iawn. Mae'n gallu bwyta 23% o bwysau ei gorff mewn un pryd o fwyd, ac mae'n storio llawer o fraster yn ei gynffon enfawr.

Methu chwysu
Dydy crocodeil ddim yn gallu chwysu. Mae'n oeri ei hun drwy orwedd yn llonydd â'i geg yn agored.

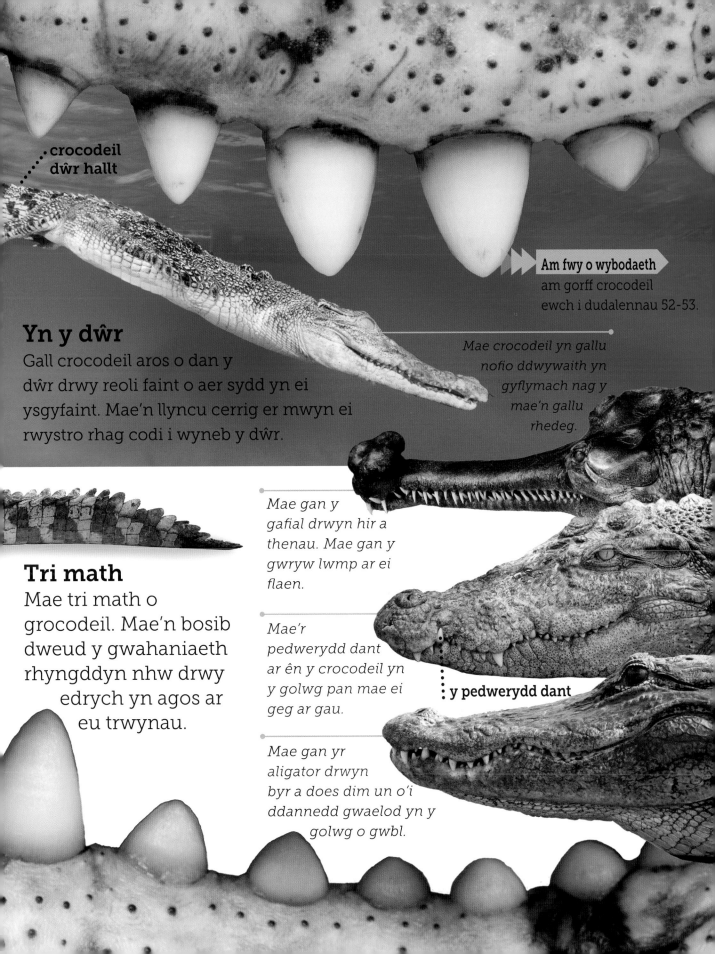

crocodeil
dŵr hallt

Am fwy o wybodaeth
am gorff crocodeil
ewch i dudalennau 52-53.

Yn y dŵr

Gall crocodeil aros o dan y dŵr drwy reoli faint o aer sydd yn ei ysgyfaint. Mae'n llyncu cerrig er mwyn ei rwystro rhag codi i wyneb y dŵr.

Mae crocodeil yn gallu nofio ddwywaith yn gyflymach nag y mae'n gallu rhedeg.

Tri math

Mae tri math o grocodeil. Mae'n bosib dweud y gwahaniaeth rhyngddyn nhw drwy edrych yn agos ar eu trwynau.

Mae gan y gafial drwyn hir a thenau. Mae gan y gwryw lwmp ar ei flaen.

Mae'r pedwerydd dant ar ên y crocodeil yn y golwg pan mae ei geg ar gau.

y pedwerydd dant

Mae gan yr aligator drwyn byr a does dim un o'i ddannedd gwaelod yn y golwg o gwbl.

Penglog perffaith

Mae penglog crocodeil yn berffaith ar gyfer lladd. Mae gan grocodeil dŵr hallt y brathiad cryfaf sydd erioed wedi'i gofnodi ym myd yr anifeiliaid.

Mae ceg y crocodeil yn gallu cau'n gyflym ac yn gryf. Mae'r cyhyrau sy'n agor y geg fodd bynnag yn wan. Dydy'r geg felly ddim yn ail agor yn gyflym.

Mae'r ên uchaf a'r ên isaf yn sensitif iawn i symudiadau bach yn y dŵr, sy'n galluogi'r anifail i ddal ei ysglyfaeth.

Dannedd dychrynllyd

Mae safn hir crocodeil yn llawn dannedd miniog. Mae'r dannedd yn aml yn torri pan mae'r crocodeil yn dal anifail ond, yn wahanol i'n dannedd ni, maen nhw'n gallu tyfu yn ôl. Gall crocodeil gael miloedd o ddannedd yn ystod ei oes!

Mae gan bob dant wreiddyn gwag, lle mae dant newydd yn tyfu y tu mewn iddo.

Wrth fynd o dan y dŵr mae crocodeil yn cau ei ffroenau a'i glustiau

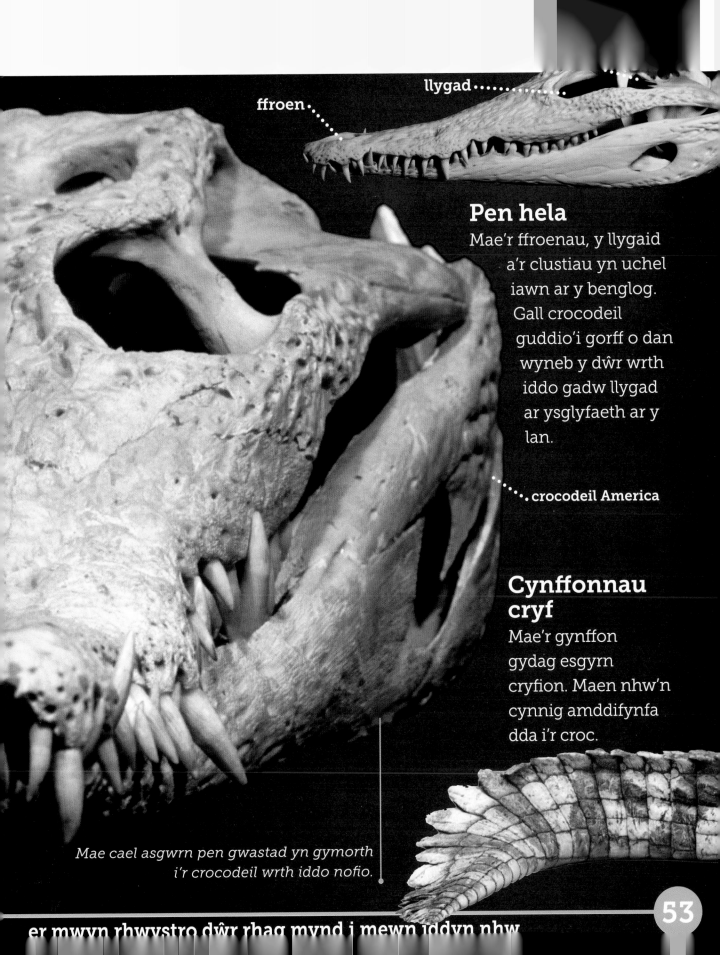

ffroen

llygad

Pen hela

Mae'r ffroenau, y llygaid a'r clustiau yn uchel iawn ar y benglog. Gall crocodeil guddio'i gorff o dan wyneb y dŵr wrth iddo gadw llygad ar ysglyfaeth ar y lan.

crocodeil America

Cynffonnau cryf

Mae'r gynffon gydag esgyrn cryfion. Maen nhw'n cynnig amddiffynfa dda i'r croc.

Mae cael asgwrn pen gwastad yn gymorth i'r crocodeil wrth iddo nofio.

er mwyn rhwystro dŵr rhag mynd i mewn iddyn nhw

Gwylia'r aligator!

Wrth deithio drwy dir corsiog yr Everglades yn Florida, efallai y dewch chi ar draws ysglyfaethwr mwyaf America, sef aligator mawr America.

Criw mawr

Dydy aligatoriaid ddim yn byw gyda'i gilydd fel criw – a dydyn nhw ddim yn dibynnu ar ei gilydd i oroesi. Ond maen nhw'n aml yn cael eu gweld mewn grwpiau mawr, yn enwedig mewn ardaloedd hela da neu yn ystod y cyfnod bridio.

Cyflymder
Mae aligator ychydig yn llai na chrocodeil, ond mae'n gyflym. Gall redeg 16 cilometr yr awr (10 milltir yr awr) am bellter byr.

Cafodd peithon Burma fenywaidd ei darganfod yn Florida gyda 87 wy y tu mewn iddi!

peithon Burma

Nadroedd mawr
Yn yr 1980au, cafodd sawl peithon Burma anwes eu rhyddhau i'r Everglades gan eu perchnogion am eu bod wedi tyfu'n rhy fawr i'w cadw yn eu cartrefi. Maen nhw nawr yn broblem fawr gan eu bod yn ymosod ar y bywyd gwyllt – mae hyd yn oed yr aligator dan fygythiad!

Brathiad enfawr
Cafodd profion eu gwneud gan wyddonwyr dewr iawn oedd yn dangos bod gan aligator mawr America un o'r brathiadau mwyaf pwerus ym myd yr anifeiliaid.

Cartref yr aligator

1 Gwaith caled

Mae aligator yn creu ei bwll ei hun ar gyfer y tymor sych. Mae'n defnyddio'i geg a'i grafangau i dyllu tyllau mawr yn y ddaear.

2 Pwll preifat

Mae glaw yn llenwi'r pwll, a phan mae'r tymor sych yn cyrraedd, mae gan yr aligator ei bwll preifat ei hun.

3 Bwyd hawdd

Os mai yn y pwll y mae'r unig ddŵr yn yr ardal, fe ddaw anifeiliaid eraill yno i yfed, a bydd yr aligator yn cael pryd o fwyd hawdd iawn!

Aligator yn nythu

Mae'r rhan fwyaf o ymlusgiaid yn mynd a gadael eu hwyau. Fodd bynnag, mae aligator America, sy'n arbennig o ffyrnig, yn gofalu'n dda iawn ar ôl ei rai bach.

Amser bridio

Yn y gwanwyn, mae aligatoriaid America yn dod at ei gilydd er mwyn bridio. Mae'r aligator gwryw yn taro ac yn cynhyrfu'r dŵr (fel yn y llun yma) er mwyn denu'r fenyw.

Mae plisgyn wy aligator yn galed. Mae'n rhaid i'r un bach ddefnyddio dant arbennig er mwyn torri allan o'r wy.

Amser nythu

Y nyth

Mae aligator benywaidd yn adeiladu nyth drwy hel pentwr o blanhigion a mwd.

Amddiffyn

Dydy'r aligator ddim yn eistedd ar yr wyau, ond mae'n gwylio'r nyth.

Deor

Mae'r rhai bach yn gwichian pan fyddan nhw ar fin deor, ac mae'r fam yn clirio'r nyth er mwyn rhoi lle i'r rhai bach i weld golau dydd.

Weithiau mae crwban y môr bolgoch Florida yn dodwy wyau

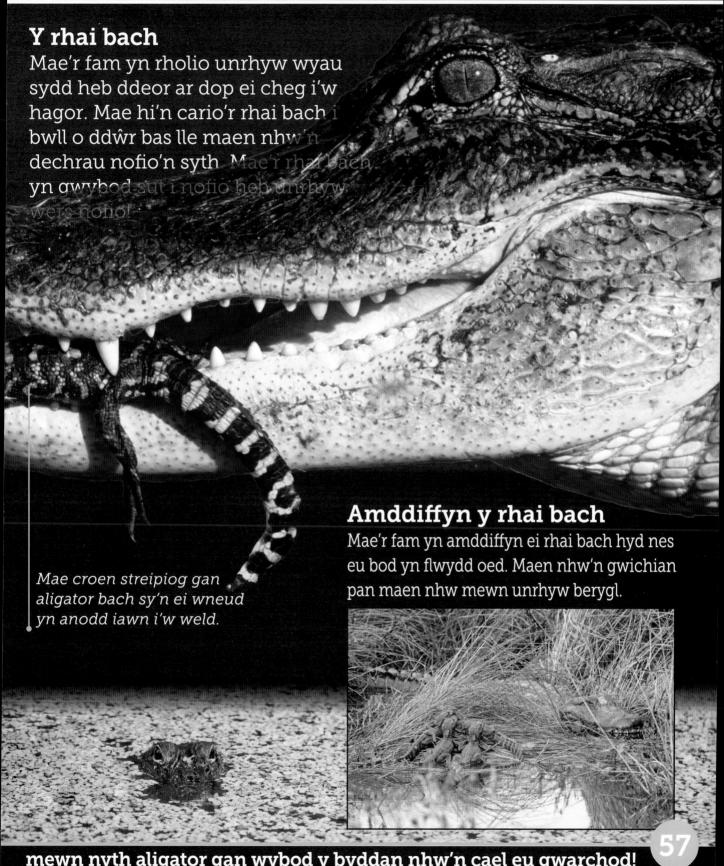

Y rhai bach

Mae'r fam yn rholio unrhyw wyau sydd heb ddeor ar dop ei cheg i'w hagor. Mae hi'n cario'r rhai bach i bwll o ddŵr bas lle maen nhw'n dechrau nofio'n syth. Mae'r rhai bach yn gwybod sut i nofio heb unrhyw wers nofio!

Mae croen streipiog gan aligator bach sy'n ei wneud yn anodd iawn i'w weld.

Amddiffyn y rhai bach

Mae'r fam yn amddiffyn ei rhai bach hyd nes eu bod yn flwydd oed. Maen nhw'n gwichian pan maen nhw mewn unrhyw berygl.

mewn nyth aligator gan wybod y byddan nhw'n cael eu gwarchod!

Hela

Dydy crocodeil ddim yn poeni llawer am ba anifail y mae'n ei fwyta. Mae'n hela ar y tir ac yn y dŵr, ac fe wnaiff fwyta bron â bod unrhyw anifail sy'n dod ar ei draws.

crocodeil dŵr hallt

Crocodeil dŵr hallt

Mae'r crocodeil mwyaf yn y byd, y crocodeil dŵr hallt, yn nofio mewn llynnoedd, afonydd ac yn y môr. Mae'n hela pysgod a chrwbanod y môr. Gall ymosod ar siarc mawr gwyn hefyd!

Pan mae'r crocodeil yn ymosod ar ei ysglyfaeth, mae fflap yn cau yn ei wddf er mwyn cadw dŵr allan ohono.

Gall y crocodeil yma nofio dair gwaith yn gyflymach

Crocodeil afon Nîl Y prif ysglyfaethwr

❶ Y pwll dŵr

Mae crocodeiliaid afon Nîl yn Affrica yn cuddio mewn afonydd a llynnoedd, yn aros am ysglyfaeth fel baedd gwyllt neu antelop i ddod i nôl diod o ddŵr.

❷ Ymosod!

Mae'r crocodeil yn gafael yn yr ysglyfaeth rhwng ei ddannedd. Mae ei ddannedd yn aildyfu os ydyn nhw'n torri.

❸ Lladd

Mae'r crocodeil yn boddi'r ysglyfaeth. Yna, mae'n rhwygo darnau o gig ac yn eu llyncu'n gyfan.

Rholio i farwolaeth

Pan mae crocodeil yn dal ysglyfaeth mwy o faint, mae'n dal yr anifail ac yn ei rolio yn y dŵr er mwyn ei foddi.

Llyncu'n gyfan

Dydy crocodeil ddim yn gallu cnoi bwyd – hyd yn oed â'r holl ddannedd sydd ganddo! Yn lle hynny, mae'n taflu'r cig i gefn ei geg, yn agor ei wddf ac yn ei lyncu'n gyfan.

na pherson!

Crwbanod y môr

Mae crwbanod y môr yn hawdd i'w gweld am eu bod yn cario eu cartrefi ar eu cefnau!

Crwban neu grwban y môr?

Mae crwbanod (*tortoises*) yn byw ar y tir. Rydym yn galw'r rheiny sy'n byw mewn dŵr croyw ac ar y tir yn grwbanod y môr (*turtles*) neu derapiniaid (*terrapins*). Gan amlaf mae crwbanod y môr (*sea turtles*) yn byw yn y môr.

Bywyd yn y dŵr

Mae'n rhaid i grwbanod y môr sy'n byw yn y môr neu mewn dŵr croyw godi i wyneb y dŵr i anadlu. Mae'r rhai benyw yn dodwy eu hwyau ar y tir.

llithrwr ······ clustgoch

Mae'r gragen wedi ei gwneud o asgwrn ac wedi ei gorchuddio gan sgwta (*scutes*) sydd wedi eu clymu yn ei gilydd.

FFEITHIAU DIDDOROL

Y CRWBAN MWYAF

Mae'r crwban môr cefn-lledr (*leatherback turtle*) yn pwyso cymaint â thri llew – mae'n enfawr!

Y CRWBAN LLEIAF

Gallai crwban brith y penrhyn (*speckled cape tortoise*) ffitio'n hawdd yng nghledr eich llaw.

Y CRWBAN MÔR CYNHARAF

Roedd y crwban môr cyntaf yn byw 200 miliwn o flynyddoedd yn ôl.

Mae crwbanod y môr i'w cael ym mhob rhan o'r byd

Brathwr a hanner!

Y crwban môr aligator brathog ydy'r crwban môr mwyaf yn y byd sy'n byw mewn dŵr croyw. Mae'n gallu tyfu hyd at 81 centimetr (32 modfedd) o hyd.

Mae gan grwban y môr ddarn pinc ar ei dafod y mae'n ei ddefnyddio er mwyn denu ysglyfaeth.

Am fwy o wybodaeth am grwbanod y môr ewch i dudalennau 66-67.

Mae'r gragen yn amddiffyn y crwban rhag anafu ei hun a rhag ysglyfaethwyr llwglyd.

asgell crwban y môr ⋯

crwban ⋯⋯ mannog (**leopard tortoise**)

Traed

Mae gan grwbanod a chrwbanod y môr draed gwahanol. Mae gan grwbanod draed talpiog er mwyn gallu cerdded ar y tir. Mae gan grwbanod y môr draed llydan er mwyn gallu nofio. Crafangau sydd wedi asio i'w gilydd i greu esgyll sydd gan grwbanod y môr.

troed crwban ⋯

troed crwban y môr ⋯

Does gan grwbanod y môr ddim dannedd. Yn eu lle, mae ganddyn nhw big caled sy'n gallu cnoi a rhwygo bwyd.

Wyau

Mae'r crwban a chrwban y môr yn dodwy eu hwyau ar y tir. Maen nhw'n eu dodwy yn ddiogel o dan y ddaear ac yna yn eu gadael. Mae'r rhai bach yn edrych ar ôl eu hunain ar ôl iddyn nhw ddeor.

heblaw am yn Antarctica.

Mae gan grwban y môr gragen sy'n edrych fel ei bod yn wag, ond mae'n amddiffyn y rhannau meddal o'r corff.

Gall crwban dynnu ei ben i mewn i'w gragen os ydy e'n gwagio ei ysgyfaint drwy anadlu allan. Mae'n gallu dal ei anadl am amser hir iawn!

Rhannau o'r gragen

Mae'r gragen wedi ei gwneud o ddwy ran sef y rhan uchaf a'r rhan isaf (y gwaelod). Maen nhw wedi asio i'w gilydd ar yr ochrau gan adael twll yn y blaen ac yn y tu ôl ar gyfer y pen, y coesau a'r gynffon.

crwban

argragen - rhan uchaf y gragen

torblat - rhan isaf y gragen

Mae crwban y môr yn gallu symud ei ben a'i goesau pan mae'n anadlu, sy'n ei helpu i lyncu aer.

stumog

calon

Y corff

Mae crwban yn cael ei eni â chragen feddal. Mae'n caledu wrth iddo dyfu, ac mae'n parhau i dyfu hyd nes ei fod yn oedolyn. Mae holl organau'r crwban o dan y gragen. Gall crwban hefyd dynnu ei ben i mewn i'r gragen er mwyn amddiffyn ei hun.

Mae'r galon yn pwmpio gwaed o gwmpas y corff. Mae gwaed yn llifo'n agos at y gragen allanol er mwyn iddi allu cynhesu.

Mae rhai crwbanod y môr yn gallu cau eu hunain i gyd o fewn y gragen

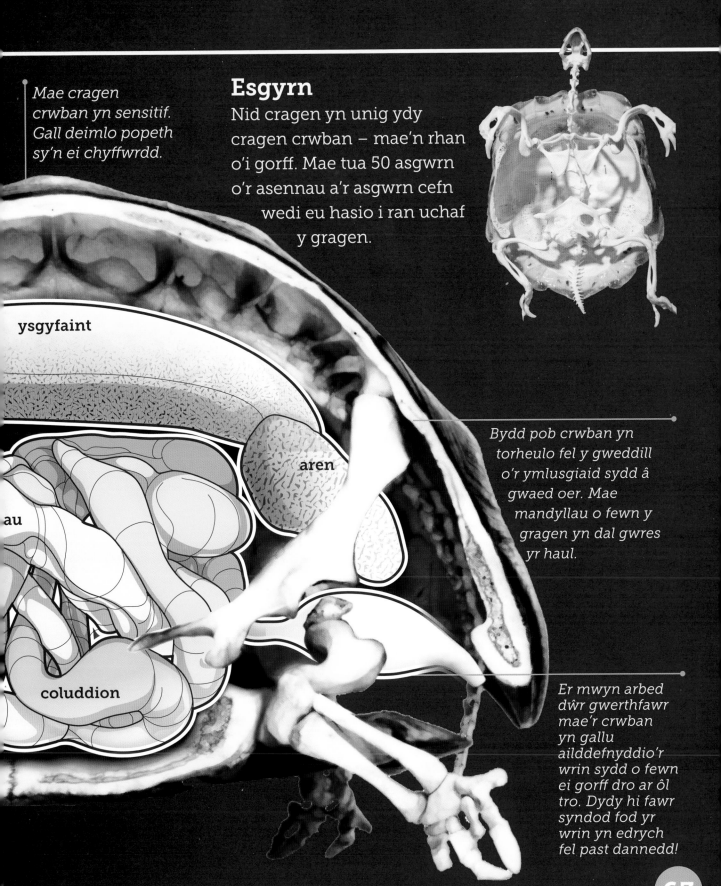

Mae cragen crwban yn sensitif. Gall deimlo popeth sy'n ei chyffwrdd.

Esgyrn

Nid cragen yn unig ydy cragen crwban – mae'n rhan o'i gorff. Mae tua 50 asgwrn o'r asennau a'r asgwrn cefn wedi eu hasio i ran uchaf y gragen.

ysgyfaint

aren

au

coluddion

Bydd pob crwban yn torheulo fel y gweddill o'r ymlusgiaid sydd â gwaed oer. Mae mandyllau o fewn y gragen yn dal gwres yr haul.

Er mwyn arbed dŵr gwerthfawr mae'r crwban yn gallu ailddefnyddio'r wrin sydd o fewn ei gorff dro ar ôl tro. Dydy hi fawr syndod fod yr wrin yn edrych fel past dannedd!

Bydd y cyfan o'r organau yn ddiogel o fewn y gragen. Clyfar iawn!

Casgliad o gregyn

Mae cragen crwban y môr yn ei gadw'n fyw. Mae cragen sydd â siâp cromen uchel iddi yn amddiffyn y crwban rhag ysglyfaethwr; mae cragen fflat yn helpu crwban i nofio'n gyflym.

crwban y môr gwyrdd

crwban y môr drewllyd

Crwban y môr cragen feddal Florida

crwban y môr Maracaibo

crwban y môr mwd du Dwyrain Affrica

crwban turio

crwban sbardunog Affrica

crwban serog India

terapin cefn diemwnt

crwban mawr y Galápagos

crwban y môr lliwgar (painted turtle)

llithrwr torfelyn yellow-bellied slider

crwban cramwyth

crwban y môr smotiog

crwban y môr box de ddwyrain Asia

llithrwr torfelyn

yellow-bellied slider

crwban Hermann

matamata

crwban y môr melynwyrdd

crwban mannog
(leopard tortoise)

crwban y môr cefn cnapiog du

Crwban y môr smotiau melyn yr Amazonas

Crwban mawr Aldabra

crwban y môr Blanding

crwban y môr lliwgar y de

crwban diffeithdir California

crwban y môr - Barbour's map turtle

crwban y môr - aligator brathog

crwban y môr box

terapin cefn diemwnt

Crwbanod y môr

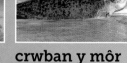

crwban y môr gwyrdd

crwban y môr cefn-gwastad

Mae saith math gwahanol o grwban y môr. Maen nhw'n byw ledled y byd, ym mhob môr oni bai am yr Arctig.

Y saith mewn perygl

Mae pob un o'r crwbanod naill ai mewn perygl o ddiflannu neu mewn sefyllfa fregus o ran eu dyfodol.

y crwban môr cefn-lledr

Y cawr cyflym

Gall crwban y môr cefn-lledr fod yr un mor drwm â buwch, ond mae'n gyflym! Gall nofio hyd at 24 cilometr yr awr (15 milltir yr awr), sydd yr un mor gyflym â dolffin.

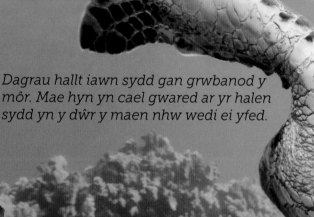

Dagrau hallt iawn sydd gan grwbanod y môr. Mae hyn yn cael gwared ar yr halen sydd yn y dŵr y maen nhw wedi ei yfed.

Hoff fwyd crwban y

crwban y môr gwalchbig
hawksbill turtle

crwban y môr pendew Kemp
Kemp's ridley turtle

crwban y môr cefn-lledr

crwban y môr melynwyrdd

crwban y môr pendew
loggerhead

Safleoedd glanhau

Mae crwbanod y môr gwyrdd yn ymweld â 'safleoedd glanhau' lle maen nhw'n cael eu glanhau gan bysgod. Mae cragen lân yn cadw crwbanod y môr yn iach ac yn eu helpu i nofio'n haws. Mae'r pysgod yn cael pryd o fwyd hefyd!

crwban y môr gwyrdd

Mae'r crwban môr gwyrdd yn gallu dal ei anadl am 5 awr!

Mae pysgod yn bwyta'r algae a'r parasitiaid sy'n byw ar gragen crwbanod y môr.

Esgyll

Mae siâp coesau crwban y môr fel 'adennydd' (*flippers*). Maen nhw'n defnyddio'r rhain i nofio'n gryf a gosgeiddig.
Mae crwban y môr hefyd yn defnyddio'i esgyll er mwyn llusgo'i hun ar draws y tir.

▶▶ **Am fwy o wybodaeth**

am grwbanod y môr yn nythu ewch i'r ddwy dudalen nesaf.

môr ydy slefren fôr, algâu a malwod y môr.

1 Dechrau'r daith

Mae crwban y môr pendew (*loggerhead turtle*) yn treulio'i fywyd yn y môr. Ond, bob dwy neu dair blynedd, ar ôl paru, mae'r fenyw yn dychwelyd i'r traeth lle cafodd hi ei geni er mwyn dodwy wyau.

2 Yn ôl i'r traeth

Weithiau mae'r fenyw yn teithio miloedd o gilometrau er mwyn cyrraedd ei thraeth. Does neb yn gwybod sut mae hi'n gwybod y ffordd yno.

5 Yn ôl i'r môr

Mae'r fam yn rhoi tywod ar ben y wyau er mwyn eu cuddio. Maen nhw'n gorwedd yn ddiogel o dan y ddaear hyd nes eu bod nhw'n deor. Mae'r fam yn dychwelyd i'r môr gan greu llwybr yn y tywod.

6 Tyllu

Ar ôl tua 60 diwrnod, mae'r rhai bach yn torri allan o'r wyau ac yn tyllu eu ffordd i fyny drwy'r tywod. Maen nhw'n aros o dan yr wyneb nes ei bod hi'n nosi.

Mae llawer o'r rhai bach yn marw cyn iddyn nhw dyfu i fod yn oedolion

crwban y môr pendew

3 Dod o hyd i le da

Pan mae'n cyrraedd y lan, mae'n defnyddio ei hesgyll blaen i deithio ar hyd y tywod, a'i hesgyll ôl i dyllu twll er mwyn nythu.

4 Dodwy'r wyau

Mae'r fam yn sefyll ger y twll fel bod y wyau yn disgyn yn ysgafn i mewn i'r twll. Mae'n dodwy hyd at bedair gwaith y tymor.

7 Rhuthro i'r môr

Wrth iddi nosi, mae'r rhai bach yn dod allan o'r tywod ac yn symud tua'r môr.

8 Bydd yn ofalus!

Mae'r siwrnai o'r nyth i'r môr yn un beryglus. Mae ysglyfaethwyr, fel crancod, yn dal y crwbanod bach a'u bwyta. Mae hyn yn arbennig o wir os ydyn nhw'n dal i deithio pan mae'n gwawrio.

oherwydd ysglyfaethwyr – gan gynnwys pobl sy'n dwyn wyau crwbanod y môr.

Achubwch grwbanod y môr!

Dros y 50 mlynedd diwethaf, mae nifer crwbanod y môr wedi gostwng. Mae hyn wedi digwydd yn bennaf oherwydd bod eu nythod o dan fygythiad gan waith adeiladu ac effaith twristiaeth.

Sut ydyn ni'n

Goleuadau llachar

Crwbanod y môr cefn-lledr

Mae'r gostyngiad mwyaf mewn nifer i'w weld gyda chrwbanod y môr cefn-lledr. Yn 1982, roedd tua 115,000 crwban y môr cefn-lledr benywaidd yn y byd. Yn 1996, dim ond 20,000 oedd ar gael. Yn fuan, gallan nhw fod wedi diflannu am byth.

Pan mae'r rhai bach yn deor, maen nhw'n teithio tuag at olau'r gorwel, sydd ar draws y môr. Mae goleuadau adeiladau yn eu drysu ac maen nhw'n teithio i'r cyfeiriad anghywir.

Mae cadwraethwyr yn tagio crwbanod er mwyn dilyn eu symudiadau. Crwban y môr cefn-lledr a gyflawnodd y siwrnai bellaf, gan deithio 20,558 cilometr (12,774 milltir) o Indonesia i fan ei eni yn Oregon, UDA.

crwban y môr cefn-lledr

Mae tua 25% o grocodeiliaid y byd o dan fygythiad hefyd.

peryglu crwbanod y môr?

Pysgota

Mae cannoedd o grwbanod y môr yn cael eu dal mewn rhwydi pysgota yn ddamweiniol, ac yna'n boddi gan nad ydyn nhw'n gallu mynd yn ôl i'r wyneb i anadlu.

Dwyn

Mewn nifer o wledydd, mae pobl yn dwyn wyau crwbanod y môr ac yn ceisio eu gwerthu fel bwyd neu i gasglwr. Mae'r wyau yn hawdd i'w dwyn gan fod y fam yn gadael yr wyau ar ôl eu dodwy.

Llygredd

Mae crwbanod y môr yn camgymryd bagiau plastig yn y môr am sglefrod môr. Felly maen nhw'n eu bwyta, yn tagu ar y plastig ac yn marw.

gweld y gwahaniaeth

Sglefren fôr   ... neu fag plastig?

Beth alli di ei wneud i helpu?

Chwilio am wybodaeth

Mae elusennau cadwraethol fel Cadwraeth Crwbanod y Môr (*Sea Turtle Conservancy*) yn amddiffyn crwbanod y

môr ledled y byd. Maen nhw'n trefnu gwirfoddolwyr sydd eisiau helpu; er enghraifft, mae rhai pobl yn cerdded ar hyd y traethau lle mae crwbanod y môr yn nythu er mwyn amddiffyn y wyau rhag y rhai sy'n dwyn yr wyau. Chwiliwch am fwy o wybodaeth ar eu gwefan.

Paid â phrynu

Paid â phrynu unrhyw gynnyrch sydd wedi'i wneud o groen neu ran arall o unrhyw ymlusgiad oni bai dy fod yn gwybod eu bod yn cael eu gwerthu gan werthwr cyfreithiol.

esgid o groen neidr

Maen nhw'n cael eu lladd ar gyfer eu crwyn.

Cyfweliad

Enw: Steve Backshall
Proffesiwn: Anturiaethwr, awdur, cyflwynydd rhaglenni bywyd gwyllt ar y teledu ac un sy'n ymddiddori mewn ymlusgiaid.

C A oeddet ti'n hoff o ymlusgiaid pan oeddet ti'n blentyn?

A Roedd gen i obsesiwn gydag ymlusgiaid. Rwy'n cofio dal madfallod ar wyliau gyda'r teulu pan oeddwn i'n blentyn bach, a dod o hyd i nadroedd y gwair yn ein tomen wastraff, a dysgu cymaint o ffeithiau ag y gallwn i am y mamba a'r anaconda.

C Beth ydy'r peth gorau am fod yn anturiaethwr?

A Un diwrnod rwy'n rhyfeddu ar fynyddoedd yr Himalaya a'r diwrnod canlynol rydw i'n rhyfeddu ar ryfeddodau'r jyngl neu'r diffeithwch. Maen nhw i gyd mor wahanol!

····· draig Comodo

C Ble ydy'r lle gorau i weld ymlusgiaid?

A Ar benrhyn Baja ym México, fe wnes i ddarganfod pedwar math o neidr ruglo (*rattlesnake*) mewn un noson. Ond byddwn yn dweud mai arfordir y Cefnfor Tawel yn Costa Rica ydy'r lle gorau i weld y nifer mwyaf o ymlusgiaid, er mwyn gweld yr holl grwbanod môr melynwyrdd.

C Beth ydy'r ymlusgiad mwyaf rhyfedd i ti ei weld?

A Y neidr trwnc eliffant, fwy na thebyg. Mae'n byw yn fforestydd mangrof trofannol Asia. Mae ganddi groen llac, rhyfedd sy'n edrych yn rhy fawr i'w chorff.

Peidiwch byth â chyffwrdd â neidr oni bai eich bod chi'n siŵr

C Oes angen bod ofn? Ydyn ni'n poeni gormod heb fod angen?

A Yn sicr. Yr unig bobl sydd wir mewn perygl ydy'r bobl hynny sy'n gweithio yn droednoeth mewn caeau ac yn methu cyrraedd ysbyty. Ond, wedi dweud hynny, mae nadroedd gwenwynig yn beryglus iawn, felly paid â gafael mewn un!

C Wyt ti'n teimlo'n ofnus weithiau?

A Ydw, ond mae'n bwysig cuddio'r ofn hwnnw – gall anifeiliaid synhwyro pan mae rhywun yn teimlo'n ofnus. Gyda phrofiad, rydych yn dysgu sut i beidio â chynhyrfu, a gwybod pryd i ffoi!

C Pa un o'r rhain fyddai'n codi mwyaf o fraw arnat ti? Y march-gobra neu draig Comodo?

A Byddwn i'n ceisio peidio â chynhyrfu'r un ohonyn nhw! Wnes i ddal march-gobra 4 metr (13 troedfedd) o hyd unwaith. Roedd hynny braidd yn wallgof! Rwyf hefyd wedi gweld dreigiau Comodo yn newid o fod yn gwbl lonydd i fod yn ysgyflaethwyr rheibus mewn chwinciad.

C A oes unrhyw ymlusgiad wedi dy anafu di?

A Rwy'n cael fy nghrafu a fy mrathu'n aml. Ond, yr unig anaf difrifol yr wyf wedi ei gael gan ymlusgiad ydy gan y caiman sbectolog (*spectacled caiman*) pan sefais arno mewn camgymeriad. Cefais ddeg pwyth yn fy nghoes, ond roeddwn i yn ôl yn hela nadroedd drannoeth!

C Pe byddet ti'n gallu bod yn unrhyw un o'r ymlusgiaid pa un fyddet ti'n ei ddewis?

A Mae hwn yn gwestiwn anodd! Crwban y môr cefn-lledr efallai. Mae ganddyn nhw'r gallu corfforol i allu symud drwy'r amser. Ond fyddwn i ddim yn mwynhau'r deiet o sglefrod môr!

march-gobra
king cobra

Geirfa

argragen (*carapace*)
Hanner uchaf cragen crwban, sy'n gorchuddio cefn y crwban.

cen
Un o'r nifer o haenau sy'n amddiffyn ac yn gorchuddio croen ymlusgiaid.

ceratin (*keratin*)
Hwn sy'n ffurfio ewinedd a chroen ymlusgiaid. Mae'n ysgafn ac ystwyth.

cigysydd
Anifail neu blanhigyn sy'n bwyta cig.

colwbriad (*colubrid*)
Nadroedd sydd ddim fel arfer yn wenwynig fel y neidr lwyd (*grass snake*). Mae rhai gwenwynig i'w cael sydd â gwenwyn yn llifo lawr rhychau yn eu dannedd.

crocodeiliaid
Categori o ymlusgiaid sy'n cynnwys crocodeil, aligator a gafial. Mae crocodeiliaid yn fawr, â chynffonnau a safnau hir.

crwban
Categori o ymlusgiaid sy'n cynnwys crwbanod (crwbanod y tir), crwbanod y môr, a therapiniaid (crwbanod sy'n gallu byw ar y tir ac yn y môr).

cuddliw (*camouflage*)
Lliwiau naturiol sy'n helpu anifeiliaid i ymdoddi i'w hamgylchedd.

cudd-ymosod (*ambush*)
Ymosod ar ysglyfaeth heb rybudd. Mae ymlusgiad yn gallu cuddio mewn twll, aros i'w ysglyfaeth fynd heibio ac yna ymosod arno.

cynefin
Y lle neu'r math o le y mae anifail fel arfer yn byw neu blanhigyn yn tyfu.

cywasgwr (*constrictor*)
Math o neidr sy'n gwasgu ei hysglyfaeth i farwolaeth.

dant colfachog (*hinged fang*)
Dant miniog sydd fel arfer yn gorwedd yn fflat yn erbyn top ceg neidr, ac sy'n siglo ymlaen pan mae'r neidr yn ymosod. Mae dant colfachog yn wag y tu mewn, a gall gwenwyn lifo drwyddo.

dant sefydlog (*fixed fang*)
Dant miniog neidr sydd ddim yn symud, yn wahanol i ddant colfachog.

elapid
Math o neidr wenwynig sydd â dannedd miniog sefydlog, fel mamba.

fertebra
Un o nifer o segmentau sy'n ffurfio asgwrn cefn anifail. Y gair lluosog am fertebra yw fertebrâu.

gaeafgysgu
Y weithred o dreulio'r gaeaf mewn trwmgwsg neu gyflwr tebyg i gysgu.

gwaed cynnes
Yn gallu rheoli tymheredd y corff. Gwaed cynnes sydd gan bobl.

gwaed oer
Ddim yn gallu rheoli tymheredd y corff. Gwaed oer sydd gan ymlusgiaid ac mae angen golau'r haul arnyn nhw i gynhesu eu hunain.

gwenwyn
Mae'n cael ei ddefnyddio i ladd ysglyfaeth. Mae'n bosib godro gwenwyn o nadroedd ar gyfer ymchwil mewn meddygaeth.

gwiber (*viper*)
Math o neidr wenwynig â dannedd miniog colfachog, fel neidr ruglo.

gwrthwenwyn
Sylwedd sy'n gwrth wneud effaith gwenwyn. Gall brechiad o wrthwenwyn achub eich bywyd os ydych wedi cael eich brathu gan neidr wenwynig.

organ Jacobson
Organ ar dop ceg neidr sy'n dehongli negeseuon cemegol o ronynnau aer.

rhywogaeth mewn perygl
Rhywogaeth sydd mewn perygl o ddiflannu, fel arfer o ganlyniad i weithgaredd pobl.

sgwtwm (*scute*)
Un o'r nifer o gennau cryf ac esgyrnog, sy'n debyg i blât, sy'n gorchuddio croen crocodeiliaid ac yn ffurfio cragen crwban.

torblat (*plastron*)
Hanner gwaelod cragen crwban, sy'n gorchuddio ei fol.

torheulo
Cynhesu corff yn yr heulwen.

twll (*burrow*)
Twll yn y ddaear, wedi'i wneud neu'n cael ei ddefnyddio gan anifail fel cartref neu le i gysgodi.

ysglyfaeth
Anifail sy'n cael ei hela a'i fwyta gan anifail arall.

ysglyfaethwr
Anifail sy'n hela a bwyta anifail arall.

Mae'r neidr ŷd yma, sydd newydd ddeor, tua 13 centimetr (5 modfedd) o hyd wrth iddi gael ei geni, ond bydd hi'n tyfu i 1.8 metr (6 throedfedd) erbyn iddi fod yn oedolyn.

Mynegai

Mae'r crwban gwddf-rhesog China hyfryd yma yn byw mewn pyllau, morfeydd a nentydd yn China a Viet Nam.

Diolch

Y tu mewn

1: Masa Ushioda/age fotostock/SuperStock; 2–3 (y cefndir), 2tr: iStockphoto; 3tr: Trevor Kelly/Shutterstock; 4–5 (dannedd): Eric Isselée/Shutterstock; 4–5 (crocodeil mewn dŵr): Reinhard Dirscherl/Visuals Unlimited, Inc.; 5g: Digital Zoo/Media Bakery; 6–7: Isak Pretorius; 8–9 (y cefndir): iStockphoto; 8–9 (cameleon ar gangen): Chris Doyle/Dreamstime; 8cch: iStockphoto; 8gch: Frans Lanting/Media Bakery; 8cg, gd: iStockphoto; 9 (cennau): Isselee/Dreamstime; 9g: Chawalit Chanpaiboon/Shutterstock; 10–11: Andy Rouse/Getty Images; 10ccht: Hugoht/Dreamstime; 10cchg: Kevin Schafer/Media Bakery; 10gch: iStockphoto; 11tc: Lorraine Swanson/Dreamstime; 11 (neidr ardysog): Melinda Fawver/Dreamstime; 11cd: Oscar Dominguez/Alamy; 11gd: Arvin C. Diesmos/Associated Press; 12gch: Danihernanz/Getty Images; 12td: Eric Isselée/Dreamstime; 13 (cynffon): iStockphoto; 13tch: Isselee/Dreamstime; 13tc: iStockphoto; 13td: Noam Armonn/Shutterstock; 13gch: iStockphoto; 13gd: John Cancalosi/Alamy; 14–15: Solvin Zankl/Visuals Unlimited, Inc.; 16tch: Thinkstock; 16cp: Kevin Walsh/Wikimedia Commons; 16cd: iStockphoto; 16gch: Matt Jeppson/Shutterstock; 16gc: Tjkphotography/Dreamstime; 16gd: Trevor Kelly/Shutterstock; 17tch: Ameng Wu/Shutterstock; 17tc: blickwinkel/Alamy; 17td: Bianca Lavies/National Geographic Stock; 17g: Tjkphotography/Dreamstime; 18 (peithon rhwydog, draig Comodo): iStockphoto; 18 (crocodeil afon Nîl): Eric Isselee/Shutterstock; 18–19: Raul Martin/National Geographic Stock; 20–21 (y cefndir, pob ffrâm): Ivaylo Ivanov/Shutterstock; 20cch, 20td: iStockphoto; 20gch: Juniors Bildarchiv/age fotostock; 20gc: Michel Gunther/Science Source; 20–21g: Reinhard Dirscherl/Visuals Unlimited, Inc.; 21tch: Daexto/Dreamstime; 21td: Bernd Zoller/age fotostock; 21cp: Joe McDonald/Media Bakery; 21cd: Alejandro Sánchez/Wikimedia Commons; 21gd: Cathy Keifer/Dreamstime; 22–23: Photoshot Holdings Ltd/Alamy; 24tch: Kendall McMinimy/Getty Images; 24td: Eric Isselee/Shutterstock; 24–25 (y cefndir): iStockphoto; 24–25 (neidr ruglo): Martin Harvey/Getty Images; 25tch: iStockphoto; 25tc: Isselee/Dreamstime; 25td: Eric Isselee/Shutterstock; 26–27t, 26–27g: Isselee/Dreamstime; 27td, 27gd: Mike Garland; 28 (boa'r coed emrallt): Johnbell/Dreamstime; 28 (neidr fannog): Michel Gunther/Science Source; 28 (neidr gwrel las): Chris Mattison/Alamy; 28 (gwiber farwol): Gerry Pearce/Alamy; 28 (boa amryliw, peithon brith): Amwu/Dreamstime; 28 (neidr winwydd frown): Jack Goldfarb/Media Bakery; 28 (gwiber gorniog yr anialwch): blickwinkel/Alamy; 28 (gwiber gorniog yr anialwch): Isselee/Dreamstime; 28 (neidr ddall Tecsas): Larry Miller/Science Source; 28 (boa rosliw): Amwu/Dreamstime; 28 (neidr y gwair Ewropeaidd): iStockphoto; 28 (peithon Byrma): Mikeaubry/Dreamstime; 28 (neidr ruglo basilisg): Bernhard Richter/Dreamstime; 28 (marchsarff ddwyreiniol): Isselee/Dreamstime; 28 (neidr wynwydd werdd): Geoff Gallice/Wikimedia Commons; 28 (neidr drwynfain y coed): Fletcher & Baylis/Science Source; 28 (marchsarff resog lwyd): Erllre/Dreamstime; 29 (neidr laeth Puebla): Eric Isselee/Shutterstock; 29 (neidr ddolennog anialwch Colorado): Kcmatt/Dreamstime; 29 (neidr ddeil-drwyn): Alextelford/Wikimedia Commons; 29 (peithon coed gwyrdd, boa goed yr Amason): Amwu/Dreamstime; 29 (neidr hedegog euraidd): Sedthachai/Dreamstime; 29 (neidr ŷd, gwiber amranflewyn): Isselee/Dreamstime; 29 (gwiber lif-gennog): Speciestime/Dreamstime; 29 (neidr wasgu, marchsarff yr eira): Eric Isselee/Shutterstock; 29 (march-gobra): Thinkstock; 29 (gwiber Gabon): Isselee/Dreamstime; 29 (gwiber Ewropeaidd): Colin Varndell/Photo Researchers, Inc.; 29 (neidr pen copr ddeheuol): Isselee/Dreamstime; 29 (mamba werdd): Mgkuijpers/Dreamstime; 30 (dail): Lim Yong Hian/Shutterstock; 30 (mamba ddu): Thinkstock; 30 (peithon coed gwyrdd ifanc): fivespots/Shutterstock; 30–31 (y cefndir): Christopher Meder/Shutterstock; 30 (neidr hedegog euraidd): Fletcher & Baylis/Science Source; 30 (neidr yn hedfan): Tim Laman/National Geographic Stock; 30 (nadroedd y coed): Svenler/Dreamstime; 31 (nadroedd y ddaear): Mgkuijpers/Dreamstime; 31 (nadroedd yr anialwch): Bevanward/Dreamstime; 31 (nadroedd sy'n turio): Michael & Patricia Fogden/Minden Pictures; 31 (nadroedd y môr): Paul Cowell/Shutterstock; 31 (neidr ddolennog): fivespots/Shutterstock; 31 (carreg): Thinkstock; 32t: Steve Bronstein/Getty Images; 32gch: Karl H. Switak/Science Source; 32gc: Heiko Kiera/Shutterstock; 32gd: Tom McHugh/Science Source; 33t: Yuri Arcurs/Shutterstock; 33 (morgrugyn): iStockphoto; 33gch: Francesco Tomasinelli/Science Source; 33gd, 34tch: Joe McDonald/Visuals Unlimited Inc.; 34gch: John Foxx/Thinkstock; 34–35: Digital Vision/Thinkstock; 35td: Eric Isselee/Shutterstock; 35cch: David Davis/Dreamstime; 35cp: Erllre/Dreamstime; 35cd: Johnbell/Dreamstime; 35gd: Heiko Kiera/Shutterstock; 36–37 (y cefndir): Mahesh Patil/Shutterstock; 36 (#10): Ryan M. Bolton/Shutterstock; 36 (#8): Dr. Morley Read/Shutterstock; 36 (#4): Tad Arensmeier/Wikimedia Commons; 36 (#1): Andreas Viklund/www.animaldanger.com/Wikimedia Commons; 36–37 (#6): Matthew Cole/Shutterstock; 37 (#7): Mikhail Blajenov/Dreamstime; 37 (#3): Sylvie Lebchek/Shutterstock; 37 (#5): Andre Dobroskok/Shutterstock; 37 (#2): ANT Photo Library/Science Source; 37 (#9): Brooke Whatnall/Dreamstime; 38tch: Philippe Psaila/Science Source; 38td: Isselee/Dreamstime; 38–39: fivespots/Shutterstock; 39tch: Thinkstock; 39tdt: Cathy Keifer/Dreamstime; 39tdc: Robert Eastman/Shutterstock; 39tdg: Dannyphoto80/Dreamstime; 39c: John Devries/Science Source; 39gd: iStockphoto; 40 (madfall y goedwig Indo-Tsieina): Bidouze Stéphane/Dreamstime; 40 (sginc Schneider): Mikeaubry/Dreamstime; 40 (brenhinsarff werdd): JMiks/Shutterstock; 40 (geco mannog): Branislav Senic/Dreamstime; 40 (cameleon llennog): Lukas Blazek/Dreamstime; 40 (geco cynffon dew): Amwu/Dreamstime; 40 (draig hedegog): Stephen Dalton/Science Source; 40 (sginc cynffonlas): Mgkuijpers/Dreamstime; 40 (sginc amryliw gwasarn caeedig): Jason P Ross/Dreamstime; 40 (geco cynffon llinellog): Amwu/Dreamstime; 40 (draig Comodo): Rico Leffanta/Dreamstime; 40 (anole gwyrdd): SSilver/Fotolia; 40 (geco cribog): Amwu/Dreamstime; 40 (geco troedweog): Bevanward/Dreamstime; 40 (madfall werdd Ewrop): Alslutsky/Dreamstime; 40 (madfall grocodeil Tsieina): Joseph T. & Suzanne L. Collins/Science Source; 40 (madfall agama): Carolyne Pehora/Dreamstime; 40 (sginc llydanben): Melinda Fawver/Dreamstime; 41 (cameleon panther) t): Isselee/Dreamstime; 41 (igwana gwyrdd): Maria Suris/Dreamstime; 41 (monitor emrallt): Flame/Alamy; 41 (cangen) t): John Brueske/Dreamstime; 41 (madfall dagellog): Isselee/Dreamstime; 41 (draig hedegog): Tom McHugh/Science Source; 41 (sginc tafod las): Amwu/Dreamstime; 41 (madfall bigog): Nick Rains/Alamy; 41 (madfall nos lwyd-ddu): Suzanne L. Collins/Science Source; 41 (cameleon panther) d): fivespots/Shutterstock; 41 (cameleon Jackson): Amwu/Dreamstime; 41 (cameleon bychan): Brandon Alms/Dreamstime; 41 (sginc tân, geco llinellog cynffon bwt, Gila): Amwu/Dreamstime; 41 (draig farfog): Alex Bramwell/Dreamstime; 41 (geco tokái): Timhesterphotography/Dreamstime; 41 (geco dydd Madagasgar): Eastmanphoto/Dreamstime; 42: Chris Mattison; 42–43 (y cefndir): Dimitri Vervitsiotis/Media Bakery; 43tch, 43tc: Kasza/Shutterstock; 43td: Thorsten Negro/Media Bakery; 43cd: iStockphoto; 44tch: Joel Sartore/National Geographic Stock; 44td: Stephen Dalton/Science Source; 44gch: Doug Plummer/Media Bakery; 44gd: Stephen Dalton/Science Source; 45tch: Thinkstock; 45td: PeterWaters/Dreamstime; 45 (tafod): ladyfoto/Shutterstock; 45gch: USFWS Mountain Prairie; 45gd: Claus Meyer/Minden Pictures/Corbis; 46–47 (y cyfan): Paul D. Stewart/Science Source; 48tch: Erwin Tecqmenne/Alamy; 48tc: Fletcher & Baylis/Science Source; 48cch: Isselee/Dreamstime; 48gch: fivespots/Shutterstock; 48–49: Pius Lee/Dreamstime; 49t: Tui De Roy/National Geographic Stock/Minden Pictures; 50–51: Thomas Marent; 52–53 (dannedd): Eric Isselée/Shutterstock; 52–53 (crocodeil mewn dŵr): Reinhard Dirscherl/Visuals Unlimited, Inc.; 52cch: Eric Isselee/Shutterstock; 52cd: John Kasawa/Shutterstock; 52g: Biophoto Associates/Science Source; 53gdt: Asim Bharwani/Wikimedia Commons; 53gdc: iStockphoto; 53gdg: Thinkstock; 54–55c: Joe McDonald/Visuals Unlimited, Inc.; 55td: Brenton West/Alamy; 55gd: ichbintai/Shutterstock; 56tch: Tony Campbell/Dreamstime; 56td: Thinkstock; 56cch: Dan Callister/Alamy; 56gch: Dannyphoto80/Dreamstime; 56–57g: Masa Ushioda/age fotostock/SuperStock; 57 (aligator) t): Isselee/Dreamstime; 57tch: Jupiterimages/Thinkstock; 57tc: Tony Campbell/Shutterstock; 57td: UgputuLf SS/Shutterstock; 58t, 58c: iStockphoto; 58gch: James P. Rod/Science Source; 58gc: Robert C. Hermes/Science Source; 58gd: Heiko Kiera/Shutterstock; 58–59g: iStockphoto; 59t: C.C. Lockwood/Animals Animals; 59gd: Rick Poley/Visuals Unlimited, Inc.; 60–61: Hali Sowle/Getty Images; 61 (crocodeil y Nîl) t): Trevor Kelly/Shutterstock; 61tch: Naypong/Shutterstock; 61tc: Dr. P. Marazzi/Science Source; 61td: Victoria Stone & Mark Deeble/Getty Images; 61cd: Libby Withnall; 61g: Johan Swanepoel/Shutterstock; 62tch, 62cch: iStockphoto; 62–63: Nico Smit/Dreamstime; 63tc: Ryan M. Bolton/Shutterstock; 63dct: Richard Carey/Dreamstime; 63dcp: Jon Stokes/Science Source; 63dcg: Amazon-Images/Alamy; 63gd: iStockphoto; 64 (argragen): Shiffti/Dreamstime; 64 (torblat): Ruben Caseiro/Dreamstime; 64–65 (llun crwban): Colin Keates/Getty Images; 64–65 (y tu mewn i grwban): Mike Garland; 65td: Steve Vidler/Alamy; 66 (terapin cragen feddal Fflorida): SuperStock/age fotostock; 66 (terapin coed Maracaibo, terapin drewllyd): fivespots/Shutterstock; 66 (crwban môr gwyrdd): Idreamphotos/Dreamstime; 66 (terapin cefn diemwnt): Stephen Bonk/Shutterstock; 66 (crwban sbardunog Affrica): iStockphoto; 66 (terapin mwd du Dwyrain Affrica): Eric Isselee/Shutterstock; 66 (crwban turio, crwban serog India): iStockphoto; 66 (crwban mawr Galápagos): Mikhail Blajenov/Dreamstime; 66 (terapin lliwgar): Jason P Ross/Dreamstime; 66 (llithrwr torfelyn): iStockphoto; 66 (crwban cramwyth): fivespots/Shutterstock; 66 (terapin smotiog, matamata): Joe Blossom/Alamy; 67 (crwban cloriog de ddwyrain Asia): Faizzaki/Dreamstime; 67 (llithrwr torfelyn): Birute Vijeikiene/Dreamstime; 67 (crwban môr melynwyrdd): Jean2399/Dreamstime; 67 (crwban Hermann): INSADCO Photography/Alamy; 67 (crwban mannog): NatalieJean/Shutterstock; 67 (crwban mawr Aldabra): iStockphoto; 67 (terapin cefn cnapiog du): Amwu/Dreamstime; 67 (terapin smotiau melyn yr Amason): Sinclair Stammers/Science Source; 67 (terapin lliwgar deheuol): Michel Gunther/Science Source; 67 (terapin Blanding): Dennis Donohue/Dreamstime; 67 (crwban anialwch Califfornia): iStockphoto; 67 (terapin cefn map Barbour): Amwu/Dreamstime; 67 (crwban cloriog): iStockphoto; 67 (terapin cefn diemwnt): Brian Kushner/Dreamstime; 67 (terapin brathog cefn aligator): Faizzaki/Dreamstime; 68l: Scubazoo/Alamy; 68–69 (y cefndir a'r crwban) g): idreamphoto/Fotolia; 68tc: iStockphoto; 68td: William D. Bachman/Science Source; 69tch: Thinkstock; 69tcch: National Park Service/Wikimedia Commons; 69tcp: torsten kuenzlen/Dreamstime; 69tcd: Jason Isley/Scubazoo/Getty Images; 69td: Michael Ireland/Fotolia; 69c: Tim Davis/Media Bakery; 70tch: Dekanaryas/Shutterstock; 70td: Michael Ludwig/Dreamstime; 70gch: iStockphoto; 70gd: Heiko Kiera/Shutterstock; 71tch: iStockphoto; 71td: Matt Jeppson/Shutterstock; 71 (crwban môr bach): Masa Ushioda/Alamy; 71gch: Mitch Reardon/Science Source; 71gd: Visual&Written SL/Alamy; 72t: Jim Richardson/Getty Images; 72g: Emily Françoise/Alamy; 73tch: SCUBAZOO/Photo Researchers, Inc.; 73tcch, 73tcd: iStockphoto; 73td: Win Nondakowit/Fotolia; 73gch: iStockphoto; 73gd: Stephen McSweeny/Shutterstock; 74t: Katy Elson; 74g: Sergey Uryadnikov/Shutterstock; 75: iStockphoto; 76–77: Isselee/Dreamstime; 78–79: iStockphoto; 80: Heiko Kiera/Shutterstock.

Y clawr

Y cefndir: gawrav/iStockphoto. Y clawr blaen: (tch) Martin Harvey/Getty Images; (c) Keren Su/Corbis; (gch) Mark Conlin/Getty Images; (gd) Eric Isselée/Shutterstock. Meingefn: Martin Harvey/Getty Images.

Y clawr cefn: (td) Thierry Montford/Biosphoto/FLPA; (monitor cyfrifiadur) Manaemedia/Dreamstime.

Mae'r peithon bach yma yn troelli ei gorff o gwmpas corff llyffant, yn ei wasgu i farwolaeth, ac yna'n ei lyncu'n gyfan!

BETTWS

13.7.18